ENIGMAS DO CORAÇÃO

Djalma Santos

ENIGMAS DO CORAÇÃO

1ª edição

Editora Ideia Jurídica

ENIGMAS DO CORAÇÃO

Editor: *Cláudio Luiz Brandão José*
Capa e diagramação: *Rogério Mota*
Revisão: *Leonardo Portella*
1ª edição *2014*
Impresso no Brasil *Printed in Brazil*

Editora Ideia Jurídica Ltda.
editorial@editoraeij.com.br
Tel. (21) 3437-3400 / 3437-4400

DADOS INTERNACIONAIS PARA CATALOGAÇÃO NA PUBLICAÇÃO (CIP)

S234e

Santos Djalma, 1938-
Enigmas do coração / Djalma Santos. - 1. ed. - Rio de Janeiro : Ideia Jurídica, 2014.
125 p. : il. ; 21 cm.

ISBN 978-85-87873-45-3

1. Espiritismo. I.Título.

CDD- 133.93

JOSÉ CARLOS DOS SANTOS MACEDO – BIBLIOTECÁRIO CRB7 N.3575

Sumário

Enigmas do coração 7

1. Medo 11
2. Alegria 15
3. Sentimento 19
4. Destino 23
5. Bem 27
6. Respeito 31
7. Delicadeza 35
8. Verdade 39
9. Palavra 43
10. Heroísmo 47
11. Ciúme 51
12. Calúnia 55
13. Solidão 59
14. Dúvida 62
15. Mentira 65
16. Sensibilidade 69
17. Compreensão 73
18. Sinceridade 76
19. Silêncio 81
20. Amor 84

21. Perdão 87
22. Renúncia 91
23. Liberdade 95
24. Caridade 99
25. Piedade 103
26. Avareza 107
27. Fé 111
28. Virtude 115
29. Paciência 119
30. Cólera 123

Enigmas do coração

DESDE OS TEMPOS MAIS REMOTOS, o homem luta pela sua felicidade pessoal, numa busca incansável pelo seu bem-estar e, consequentemente, pela paz íntima que todos desejamos. No início de nossa jornada milenar em direção às estrelas, as preocupações eram de origem material, levando sempre em conta a posse das riquezas do solo, das águas e das florestas. Lutas intermináveis foram realizadas em todas as épocas, sem que o homem terreno encontrasse sua verdadeira origem e alcançasse o seu verdadeiro destino.

Com o passar do tempo, chegou-se à conclusão que a felicidade não estava apenas em possuir, mas principalmente em distribuir, compartilhar, solidarizar com os outros, o que, em síntese, faz parte do contexto da vida de cada um dos habitantes do planeta. Surgiu, também, a ideia da religiosidade, primeiro com muitos deuses, depois com a crença num único Deus, o que melhorou em muito o desempenho do ser humano na sua evolução.

As dores e os sofrimentos eram creditados, em épocas recuadas, a uma espécie de castigo divino, por conta da nossa desobediência às Leis Maiores que regem a vida cósmica; aos poucos, porém, esse pensamento deu lugar à ideia de que seriam os nossos erros os responsáveis pela nossa desdita, ou seja, nossas dores seriam reações normais diante de nossas ações impensadas no campo da carne e do espírito.

O tempo passou silenciosamente, em "doses homeopáticas", e, nos dias de hoje, continuamos com todos os sofrimentos do passado, acrescidos das chamadas "dores da alma", distúrbios psíquicos ocasionados pela vivência de um cotidiano muitas vezes turbulento ou desequilibrado, sobrecarregando o cérebro físico de maneira tão ruinosa, que a mente imortal, que é a diretriz do arcabouço físico, fica sem condições de alimentar com eficiência os órgãos do corpo somático com as energias reparadoras e nutritivas da alma, resultando em patologias diretamente ligadas ao cérebro, como a depressão, o estresse, a síndrome do pânico e outras mais.

Para essas enfermidades da alma, não basta a aplicação da farmacologia física, tão abundante nas farmácias, enfermarias e hospitais. São necessários antídotos espirituais que possam combater a origem do mal, corrigindo defeitos e falhas no comportamento humano, sem o que dificilmente se obterá a cura definitiva das "dores da alma". As casas espíritas apresentam uma gama de recursos de grande eficácia para que o homem possa decifrar esses enigmas da alma: o passe magnético; a água fluidificada; palestras e estudos sitematizados; trabalhos de desobsessão; orientações para o culto no lar e aconselhamento particularizado, com o intuito de conscientizar o enfermo sobre a necessidade de mudar hábitos e pendores, depurar pensamentos e sentimentos, a fim de encontrar sua paz interior, levando sempre em conta que *você é o seu próprio remédio. Enigmas do Coração* é mais um livro que submeto à apreciação dos leitores, para que, analisando as virtudes e os defeitos que partem de si próprios, possa encontrar, nessas palavras simples e diretas, um retorno saudável para suas vidas, lembrando sempre que a vitória, em qualquer campo da vida, é direito de todos, mas o verdadeiro vencedor é aquele que vence a si mesmo.

Muita, muita paz.....

Djalma Santos

1. Medo

"Pedi e se vos dará; buscai e achareis; batei à porta e se vos abrirá; porque todo aquele que pede recebe, e quem procura acha, e se abrirá àquele que bater à porta (...) mas Deus lhe deu, a mais do que ao animal, o desejo incessante do melhor, e é este desejo do melhor que o impele à procura dos meios de melhorar sua posição." (Allan Kardec. *O Evangelho Segundo o Espiritismo*. Cap. XXV, itens 1 e 2.)

QUALQUER TIPO DE MEDO tem suas raízes fincadas na mente imortal, nunca no corpo físico, mesmo porque, o medo é uma espécie de preservação interior de desequilíbrio, entre o instinto de conservação e a força divina da inteligência. O medo pode ser manifestado em qualquer modalidade de atividade humana, mas será sempre uma ação que aflora do interior para o exterior, inconsciente e metafísica.

A alma insegura e dependente de estímulos externos, transmite para o sistema nervoso suas preocupações com os problemas que está enfrentando, demonstrando que a vigilância no campo íntimo está fraca. Isso faz com que os sentimentos e pensamentos fiquem à deriva, dependendo muitas vezes das ideias dos outros. Quando o que vem de fora não é bom, surgem problemas naturais do relacionamento inamistoso entre duas partes.

A falta de vigilância interna faz aflorar o nosso inconsciente, supostamente sepultado. Com isso, muitas vezes acabamos recordando dores do passado, fatos gravados a ferro e fogo em nosso mundo interno, que julgávamos esquecidos, mas que ainda nos causam temor pelo mal que representaram em nossas vidas.

Na origem de qualquer temperamento assustadiço e medroso, vamos encontrar uma infância desvirtuada por histórias de fantasmas, dragões, monstros de todas espécies – como o "famoso"bicho-papão –, tão comuns no relacionamento entre pais e flhos, quando o genitor quer "se fazer respeitar" pela criança, cuja inocência ainda torna sem condições de avaliar o conteúdo subjetivo das lendas e contos que ouve.

O medo é sempre produto das polarizações mentais, sendo algumas positivas, quando se trata do pressentimento da verdade, e outras negativas, quando se trata da dúvida. Quando pressentimos que a verdade cede lugar à nossa compreensão, nosso medo desaparece, porque, em síntese, o medo sempre se alimenta da dúvida, e só tememos aquilo que desconhecemos.

É exatamente por isso que a morte sempre nos apavora. O medo do desconhecido ativa imediatamente nosso instinto de preservação, nosso mecanismo de alerta em todas as ocasiões da vida. Mesmo quando exercemos bem o nosso livre-arbítrio, prevalece a ação preventiva do instinto de conservação, que é o método mais seguro dado por Deus para a felicidade do homem.

O medo só pode ser extirpado com a substituição das imagens negativas que ainda acalentamos no nosso cérebro, fruto de ações intempestivas do passado arquivadas no nosso inconsciente que, quando despertas, não temos condições de administrar, por falta de religiosidade, calma, serenidade e paciência para esperar a tempestade passar.

O certo é que ainda não sabemos o que realmente somos, nem mesmo de onde viemos ou para onde vamos, e isso nos causa uma sensação de impotência e insegurança diante da vida, que se desenrola com muita rapidez, às vezes não dando tempo para que possamos refletir a respeito da nossa segurança interior.

Combater o medo passa impreterivelmente pelo exercício da prece, do culto no lar, do silêncio e da meditação, criando mecanismos interiores de segurança pessoal, que com o tempo se transformam numa espécie de "blindagem", difícil de ser transposta, porque contém o fluxo dos nossos pensamentos direcionados para Deus e para Jesus, numa postura religiosa de grande efeito psicológico e mental.

Em uma de suas parábolas, Jesus fala do servo que, por medo, enterrou os valores que seu senhor lhe havia confiado, deixando de multiplicar os bens que lhe foram conferidos, numa atitude comodista e preguiçosa de viver a vida, recebendo, por isso, a repreensão do Mestre, que nos convida a trabalhar sempre, beneficiando, com isso, a nós mesmos.

2. Alegria

"Não julgueis, a fim de que não sejais julgados; porque vós sereis julgados segundo houverdes julgado os outros; e se servirá para convosco da mesma medida da qual vos servistes para com eles." (Allan Kardec. *O Evangelho Segundo o Espiritismo*. Cap. X, item 11.)

A ALEGRIA PODE SER CONSIDERADA uma espécie de "êxtase da alma", que em dados momentos se sente aliviada das dores humanas e entra em simbiose com Deus, experimentando uma felicidade indizível, que, dure o quanto durar, provoca momentos de intensa felicidade.

A alegria é sempre relativa ao estado de consciência de cada ser, e o que pode provocar alegria em uns, a outros pode perfeitamente não agradar. Cada ser humano tem suas próprias limitações e desejos, diferenciando uns dos outros de acordo com o destino de cada um, sem que isso possa influenciar a liberdade de escolha que todos possuímos.

Ela pode ser também considerada como sendo espiritual, uma espécie de sonho, que entra e sai de nossa alma sem que possamos dizer para ficar ou para partir. Dificilmente depende de nossa vontade, e sim das ações que encetamos nas experiências da vida. Quando se trata de ações benéficas e voltadas para os nossos semelhantes, geralmente voltam em forma de alegria e felicidade; e quando são ruinosas, trazem cargas de energias negativas que provocam dores e sofrimentos.

A alegria às vezes é contraditória e inesperada, mas o importante é estar sempre preparado para recebê-la de braços abertos, porque ela representa os melhores momentos da nossa vida, e exatamente por isso, nenhuma dor é maior do que quando atravessando desventuras, relembrar momentos felizes que ficaram no passado.

Na verdade, toda alegria é sempre temporária, e todo tempo feliz é tempo de alegria, que deve ser aproveitado com humildade e religiosidade, a fim de que seja prolongado, dando tempo para grandes reflexões, porque, em geral, aos momentos de alegria sucedem-se horas de privação e dor, que precisamos estar preparados para administrar, sempre com resignação, coragem e determinação, diminuindo, assim, os efeitos da desdita.

A alegria às vezes se mostra volúvel, porque os nossos sentimentos são indefiníveis – e o que não conhecemos, não dominamos. Não podemos prender na palma de nossas mãos algo desconhecido, como também, não podemos automatizar por decreto a alegria, no santuário do nosso coração. Ela precisa chegar até nós de maneira simples e direta, como fruto de nossa obediência às Leis divinas que regem a vida cósmica, proporcionando ao nosso universo interior a felicidade de estar vivendo num mundo de "provas e expiação".

Poderíamos dizer, também, que a alegria é a consciência plena do dever cumprido, o prazer de andar na linha, de fazer tudo com correção, sem prejudicar os outros, mas vivendo de maneira solidária, procurando fazer a felicidade dos outros, a fim de que o contentamento do próximo retorne para nós em forma de alegria, em qualquer lugar que possamos estar, a fim de implantar em definitivo a nossa eterna ventura.

A alegria pode ser considerada contagiosa, principalmente quando parte de pessoas sérias e felizes, que conseguem contagiar e transmitir para os outros esse estado da alma, levando a corações indecisos e magoados a força de viver e a alegria de estar vivo, respirar, andar, alimentar-se, vestir-se, em suma, de permanecer, aqui e do outro lado da vida, em constante evolução em direção a Deus.

A melhor maneira de conservar a alegria é recordar sempre coisas boas de nossa vida; procurar sempre novas atrações no campo da vida, principalmente as de cunho altruístico, ligadas ao estudo, à prece, ao silêncio e ao recolhimento. Realizar passeios em locais solitários ou entrar em contato com a natureza também proporciona momentos de intensa alegria. Relacionar-se com crianças e idosos, visitar hospitais, principalmente aqueles em que encontram-se enfermos de difícil cura, são escolhas que também trazem, para nossa alma, momentos felizes e de difícil esquecimento.

O homem é um ser social, programado para viver em sociedade, portanto, todos os esforços devem ser direcionados para o bem do próximo, sem o que dificilmente seríamos felizes, pois a nossa alegria e felicidade dependem exclusivamente da alegria e felicidade dos nossos semelhantes.

3. Sentimento

"A forma não é nada, o pensamento é tudo. Orai, cada um, segundo as vossas convicções e o modo que mais vos toca; um bom pensamento vale mais que numerosas palavras estranhas ao coração." (Allan Kardec. *O Evangelho Segundo o Espiritismo*. Cap. XXVIII, item 1.)

PODEMOS DEFINIR O SENTIMENTO como sendo a maneira de o ser humano vivenciar a vida em seus estados característicos – alegria, indiferença, tristeza etc. Ainda que tais estados sejam variáveis, sentir é algo permanente, e a morte do sentimento é o desaparecimento da vida.

No campo do relacionamento humano encontraremos sempre criaturas de todos os tipos, umas apresentando mais sensibilidade que outras, mas todas capazes de sentir. Esse sentimento que aflora de dentro de nossa alma pode ser educado pelo uso superior de estados superiores, porque, de modo geral, a educação dos sentimentos prende-se aos hábitos e pendores, vícios, desejos e paixões.

A educação dos sentimentos prepara o homem para enfrentar as eventualidades, que em geral chegam sem avisar. Se estivermos desprevinidos, dificilmente saberemos lidar com as tragédias e problemas intrincados da vida. Tornar a busca pela elevação dos sentimentos um hábito faz com que a pessoa se fortaleça e mantenha um nível adequado às necessidades do espírito. A arte, a música, a poesia e os esforços altruísticos em benefício dos outros são caminhos que acabam por beneficiar principalmente a nós mesmos.

Quanto mais elevado for o sentimento, mais amplo será o campo de atuação do espírito, que agirá com facilidade em qualquer área social ou política, administrativa ou religiosa. Mesmo os corações endurecidos pela mágoa, pelo rancor ou por ressentimentos acabarão por se render à força dos sentimentos puros, que, em síntese, representam o verdadeiro amor.

O centro iluminado dos sentimentos que partem do coração humano pode ser considerado como uma espécie de sexto sentido, que atua fora das concepções físicas, dependendo sempre dos agentes utilizados para demonstrar a segurança desse tipo de ação mental. Exatamente por isso, os pensamentos mais sutis utilizam sempre as asas do sentimento, aonde o raciocínio busca a lógica e o sentimento encontra o sonho.

Desde a mais singela criança, alma terna de sensibilidade, ao maior gigante moral, a todos cabe ponderar e respeitar, sentimentos que, ocultos nos arcanos da alma, permanecem tão abstratos quanto reais. Deus percebe e identifica tudo o que vive e ama, por meio dos sentimentos de cada ser criado por ele.

A eternidade do sentimento ultrapassa as fronteiras da matéria física, e podemos afirmar com absoluta certeza que, se a alma fosse mortal, o sentimento de um grande amor por si só alimentaria os corações da Terra, mesmo que mãos sacrílegas destruíssem o santuário da Chama Sagrada de Deus.

Nada é mais antigo ou mais novo do que o sentimento, pois, ainda que aparentemente se modifiquem os homens, os sentimentos permanecem, esperando a oportunidade para declarar em alto e bom som: "estou aqui". Quando o sentimento é alimentado por ideias nobres, o seu detentor torna-se amante da liberdade e das grandes distâncias que separam os povos dos quadrantes da Terra.

A grande escola da vida nos ensina que a maior ventura que o homem pode ter é educar os seus sentimentos, voltando-os para o bem dos seus semelhantes, a fim de encontrar sua felicidade através da alegria que proporcionar aos outros, numa troca energética de sentimentos e pensamentos que irão estruturar sua "aura humana", túnica eletromagnética de luz representativa dos sentimentos do coração.

4. Destino

"Assim, pois, aqueles que pregam ser a Terra a única morada do homem e que só nela, e numa só existência, lhe é permitido atingir o mais alto grau das felicidades que a sua natureza comporta, iludem-se e enganam aqueles que os escutam..." (Allan Kardec. *O Evangelho Segundo o Espiritismo*. Cap. V, item 20.)

TALVEZ UMA DAS MAIORES DIFICULDADES do homem terreno seja decifrar os enigmas que envolvem o seu destino, chamados por muitos filósofos de "carma", e que os espiritualistas mais conservadores dizem ser o efeito da lei de ação e reação, que se abate sobre todos os seres humanos, permitindo o reajuste da consciência humana com as Leis divinas que regem a vida cósmica. Verdade ou não, o certo é que o homem é um caçador de si mesmo, procurando por fora o que já possui por dentro, e a responsabilidade pelo destino é missão individual, que não podemos delegar aos outros, devendo arcar com as consequências de nossos atos, aqui ou no além.

Decifrar os desígnios do destino não é uma tarefa fácil, porque a força do destino é onipotente e quase que imutável, e só mesmo um contínuo esforço no campo do bem, pode alterar o ritmo do destino, que pode se tornar brando e saudável, como também pode ser agravado, se as experiências no campo da carne forem desequilibradas, ou ainda se repetirmos os erros do passado, que deram origem ao destino que ora vivenciamos.

O destino não pode ser considerado uma força cega, que dirige o roteiro dos homens, como se estivéssemos ao sabor das ondas, sem nenhuma possibilidade de mudança. Trata-se de um caminho preparado por nós mesmos, de acordo com o que vivenciamos e experimentamos, formando um acervo de ações que certamente vão aflorar reações, em curto, médio ou longo prazo, trazendo até nós o bem ou o mal, que querendo ou não, teremos que absorver, com calma, serenidade e humildade, pois fazem parte de nossa vida, e, por consequência, não podemos colocar na porta dos outros.

Diante das dificuldades da vida, o homem quase sempre procura jogar, como se estivesse numa mesa de carteado, desconhecendo a trama misteriosa do destino, detendo-se na possibilidade da sorte ou do azar. Então, quando tudo dá errado, ele esbraveja contra o destino, sem saber que a solução está dentro dele mesmo. Já afirmava Jesus com divina propriedade: "O Reino de Deus está dentro de vós", numa clara e insofismável alusão a que possuímos todos os recursos para nos reabilitarmos diante do destino, mesmo que este seja cruel e deprimente, porque nada é impossível para Deus – e, consequentemente, para o homem.

O destino de cada pessoa está invariavelmente ligado ao inconsciente, ao consciente e ao supracosciente – passado, presente e futuro – que interagem constantemente, por meio das ações cerebrais, levando até as células do corpo físico as correntes nervosas que vão movimentar os órgãos para o exercício das ações no campo da vida – ações que determinarão o nosso destino e as possíveis mudanças que possamos operar para abrandá-lo ou agravá-lo, mediante as escolhas e experiências vividas.

Seja qual for o seu desfecho, o destino sempre se curva diante da humildade daquele que, reconhecendo-o como construção de suas próprias escolhas, não tenta impedir seu curso, aceitando-o consciente de que insurgir-se contra o destino seria mentir para si mesmo e procurar desciar-se dos próprios erros. Quando aceito com coragem e determinação, o destino pode dar ensejo a grandes vitórias no campo íntimo, levando o homem à iluminação espiritual.

O destino abrange tudo e todos, desde o homem isolado até as grandes nações e povos, que também têm o seu destino, escrevendo através dos tempos a história universal, composta, por sua vez, pela história de cada nação, povo, cidade ou vila, fruto das experiências vividas pelos seus habitantes. Tudo isso fica registrado não apenas na literatura, mas principalmente na mente de cada indivíduo.

O impossível não existe para as tramas do destino. A história do homem é uma sucessão de encontros e desencontros, e o ideal para se construir um destino bom é aproveitar todas as oportunidades de fazer o bem, edificando uma estrutura sólida que possa, sempre que preciso, alterar as consequências do destino, se por acaso ele vier recheado de dores e sofrimentos, que certamente não teremos condições de suportar sem Deus.

É imprescindível escancararmos as portas do coração e as janelas da alma para o diálogo e a compreensão, buscando sempre a paz e a felicidade – principalmente a dos outros. Só assim estaremos preparados para enfrentar qualquer tipo de destino, sem sofrer por antecedência, mas esperando com paciência e resignação o que a vida nos destinar.

5. Bem

"Perdoar aos inimigos, é pedir perdão para si mesmo (...) porque se sois duros, exigentes, inflexíveis, se tendes rigor mesmo por uma ofensa leve, como quereis que Deus esqueça que, cada dia, tendes maior necessidade de indulgência." (Allan Kardec. *O Evangelho Segundo o Espiritismo*. Cap. X, item 15.)

DECORRIDOS MILÊNIOS DA NOSSA EVOLUÇÃO física e espiritual, e ainda hoje não sabemos exatamente o que é o bem, nem como ele chega até nós ou como chegamos até ele. Mas de uma coisa estamos certos: de modo geral, todas as pessoas desejam o bem. Por incrível que pareça, até os maus só se afastam do bem devido a ignorância diante das leis, sejam elas divinas ou humanas. Mas o destino da criatura humana é o bem.

Acreditamos que o bem seja a conduta extraída do que é bom, principalmente quando se trata dos outros, porque o bem é sempre construtivo; por isso as almas nobres não conseguem visualizar o bem calcado no mal do próximo. Somente nas realizações superiores podemos sentir a feliz posse do bem, e a própria felicidade é o bem interior de cada um, fomentada pela prática da caridade e da fraternidade, quando causamos nos nossos semelhantes imensa alegria.

O bem é a polaridade positiva do seu oposto, o mal, e essa dualidade sempre esteve presente em todas as cogitações humanas. Podemos afirmar com absoluta certeza que somente os egoístas colocam o bem pessoal acima do mal que este possa causar ao próximo, angariando antipatias e aversões que dificultam a caminhada neste planeta onde evoluímos e crescemos para Deus.

É sempre bem-afortunado aquele que pratica o bem, utilizando-o como moeda luminosa, cunhada com pensamentos, sentimentos, palavras cordiais e gestos de solidariedade. Assim, a batalha entre o bem e o mal que se dá no íntimo do homem há de se transformar, com o tempo, em um diálogo de cosciência.

Analisando com mais acuidade os acontecimentos, vemos que a dualidade bem/mal é apenas criação momentânea dos sentidos, a desfazer-se com o tempo, cedendo lugar à vitória do bem. A própria natureza nos ensina que o bem é permanente, enquanto o mal é temporário. Observemos melhor as experiências passadas e perceberemos que muitos males pregressos tornaram-se o bem presente.

É muito importante que aprendamos a descobrir nas experiências da vida, por mais dolorosas sejam, as lições da Eterna Sabedoria. Nossas lágrimas não turvaram nosso olhar, mas lavaram nossos olhos, para que pudéssemos contemplar de maneira mais clara, justa e ampla a verdade. O próprio Cristo esclarece que o mal pode se tornar em bem, quando afirma que serão consolados todos aqueles que sentem fome, choram, são perseguidos e injuriados.

A pobreza, a fome, as lágrimas e as injúrias que sofremos em muitos momentos de nossa vida, são palavras de trevas que guardam, no entanto, de acordo com os espíritos superiores, a presença do supremo bem. É importante não esquecer que muitas flores, apesar da beleza e do aroma, encontram sua vitalidade de crescimento e floração na lama do lago. Assim é o bem: capaz de extrair, do lodo de nossas mágoas, o perfume que conduz ao Reino de Deus.

Todas as vezes que conseguimos semear, nos corações daqueles que nos cercam, o bem e a felicidade, a felicidade dos outros nos procura, a fim de estabelecer em definitivo o supremo bem, que surge em nossos corações na medida que esparzimos, sobre nossos semelhantes, o bem, matéria-prima que devemos trabalhar incessantemente, até o final de nossa jornada na Terra.

6. Respeito

"Muito se pedirá àquele a quem se tiver muito dado, e se fará prestar maiores contas àqueles a quem se tiver confiado mais coisas. (...) Somos nós, pois, também cegos? Jesus lhes respondeu: Se fôsseis cegos, não teríeis pecado; mas agora dizeis que vedes e é por isso que vosso pecado permanece em vós." (Allan Kardec. *O Evangelho Segundo o Espiritismo*. Cap. XVIII, itens 10 e 11.)

O RESPEITO PODE SER localizado na concepção divina que temos sobre o Universo de Deus, o homem e a natureza que o cerca. Devemos o primeiro respeito ao Supremo Pai, arquiteto do Mundo em que vivemos, e é a partir desse respeito maior que surgem ou nascem as organizações psíquicas equilibradas e coerentes. Quem não consegue respeitar Deus, perde o respeito por si mesmo e por tudo mais que o cerca, pois se afasta do símbolo da perfeição, paradigma das atitudes firmes e positivas e, ao mesmo tempo, das afáveis e compassivas.

No trato social de cada dia, o respeito é produto da educação dada pelos pais ou adquirida na escola, ou seja, uma herança valiosa que passa dos pais para os filhos, envolvendo toda a parentela familiar, atraída por sentimentos mútuos, afins, que se desenvolvem com o tempo, através de séculos, milênios, até se transformar em família espiritual, onde o respeito atinge o seu mais alto grau.

Independentemente das condições sociais, étnicas, religiosas ou sexuais, todos devem merecer igual respeito e tratamento, reconhecendo, no entanto, o valor de cada criatura humana; daí que ninguém poderá transgredir as regras do respeito recíproco sem merecer o lastimável riso da impiedade. Hoje, já se sabe que todo tipo de superioridade está calcado no máximo de respeito que tivermos pelo próximo.

Um dos maiores atos de desrespeito praticados nos dias atuais é a imposição das guerras à humanidade, muitas delas guerras civis, em que combatentes de uma mesma etnia, um mesmo país lutam entre si, quase sempre para atender imposições egoísticas de lideres autoritários, desprovidos de sentimentos humanos, levando milhares de pessoas ao desespero, à fome e mesmo à morte.

Durante essas guerras fratricidas, não há respeito pela integridade da pessoa humana, que no mais das vezes é humilhada e constrangida a sofrer todo tipo de vilania, mesmo estando indefeso diante daqueles que detêm o poder temporário do conflito. Falta respeito com a infância, com os idosos e as mulheres, muitas delas grávidas. Apesar da fragilidade física, da dificuldade de locomoção, todos são forçados a caminhar sob a mira de armas de fogo, em direção a "campos de concentração modernos", onde, feitos "prisioneiros de guerra", sofrerão todo o tipo de humilhação e muitas vezes terminarão sendo executados diante de seus familiares.

Quem agride, fere ou mata, está desrespeitando as Leis divinas, as leis humanas, ao próximo e a si mesmo.

O respeito aos outros mantém a mente equilibrada, além de proporcionar entendimento nas relações interpessoais. Muitas vezes, nosso silêncio é a melhor demonstração de respeito, ao contrário do falatório que só provoca convulsão.

Existe tanto desrespeito no patrão que ofende o empregado, como no empregado que ofende o patrão, pois se a disciplina é útil, o respeito é ainda mais indispensável. Toda disciplina imposta pela violência, além de desrespeitar, degrada a condição humana. Não deixa de ser uma grande verdade dizer que "com jeitinho tudo se resolve", pois corresponde a dizer que, agindo com delicadeza, impõe-se o verdadeiro respeito.

A escravidão de séculos passados foi sem dúvida alguma um dos maiores atos de desrespeito à humanidade, sujeitando nossos irmãos africanos à condição de animais, sem nenhuma consideração por seres humanos idênticos a nós, diferentes apenas na cor da pele, criando, para os países que adotaram essa postura, um destino ou "carma" longo e difícil de ser vencido, com milhares de espíritos envolvidos nessa trama sinistra, indo e voltando em reencarnações repetitivas, com todo o tipo de sofrimento possível, a fim de resgatar a falta de respeito pretérita.

7. Delicadeza

"E se vós não saudardes senão vossos irmãos, que fazeis nisso mais que os outros? Os Pagãos não o fazem também? Sede pois, vós outros, perfeitos, como vosso Pai celestial é perfeito." (Allan Kardec. *O Evangelho Segundo o Espiritismo*. Cap. XVII, item 1.)

UM DOS PONTOS FORTES da personalidade humana no campo social é sem dúvida nenhuma a delicadeza, uma virtude que ornamenta o comportamento das pessoas com a paciência, a mansuetude, a serenidade e principalmente o bom humor, deixando nos outros uma impressão sadia, alegre e feliz, estreitando os laços de amizade e fraternidade que devem existir entre os homens.

A delicadeza do ser humano torna-se ainda mais sublime quando pensamos que as criaturas imitam os trabalhos de Deus. Poderíamos dedicar horas, dias, meses, anos... mesmo toda a existência, a contemplar a delicadeza de Deus, ao modelar com Suas mãos, invisíveis aos nossos olhos, as pétalas das flores e as asas das borboletas, bem como tudo que compõe a vida plena e bela.

Uma única gota de água do mar e uma lágrima guardam o mesmo tom de suavidade que a delicadeza da vida criou, e o que mais nos impressiona nos caracteres humanos é a delicadeza inerente a certas almas. Possuidoras desse dom divino, dificilmente se modificam em face das dores e dos sofrimentos que a vida oferece, e jamais se revoltam contra os seus semelhantes, pois apresentam gestos e palavras que desarmam agressores e algozes.

Nada mais ridículo que a delicadeza forçada, que em curto espaço de tempo é descoberta, e em geral se esconde no íntimo daqueles que se dizem civilizados. É a velha historia do lobo trajando pele de cordeiro. Muitas pessoas conseguem disfarçar sentimentos sombrios sob atitudes aparentemente delicadas, mas basta pisar nos calos dessas individualidades, para que elas apresentem suas verdadeiras características, perdendo a esportiva e soltando todo o tipo de impropérios.

De todos os pontos que envolvem a delicadeza humana, o que mais chama atenção é sem dúvida o sorriso ameno, que, de modo geral, estampa-se na face das pessoas calmas e serenas, cordatas e alegres, inspirando confiança nos outros, pois são expressões sinceras nascidas nos recônditos da alma. Qualquer esforço para se conseguir essas qualidades de modo artificial será inútil. Tratam-se de conquistas realizadas em muitas reencarnações, com muitas vivências no campo da carne e do espírito.

É importante que a delicadeza se apresente sempre naturalmente, expressando-se através da face ou dos gestos, mas isso só é possível depois do aprimoramento interior, da conquista do mundo íntimo, em que o ser humano se desfaz dos vícios, desejos e paixões, desligando-se do ódio, do rancor e do ressentimento, que corroem a alma e não permitem que as pessoas sejam delicadas, mas sim agressivas no relacionamento entre as partes.

A verdadeira delicadeza pode ser conhecida em um simples aperto de mão, que quando sincero, deixa uma forte impressão de segurança, amizade, apreço e segurança. Existem mãos que parecem de ferro, mas não machucam, porque estão repletas de delicadeza e fraternidade; outras se apresentam frágeis, mas com uma forte dose de negatividade, que podemos notar de imediato, devido ao modo falso como se apresenta.

A delicadeza não está inserida nas atitudes do corpo, que é apenas o instrumento de expressão, e sim nos desejos da alma, que quando enobrecida, irradia fluidos balsâmicos; em síntese, transforma-se em terapia salutar para os nossos semelhantes. Existem apertos de mãos e abraços que nunca mais esquecemos, e que nos levam a agradecer a Deus o instante em que neles encontramos paz, numa sincronia equilibrada dos olhos e da boca, com palavras delicadas e positivas.

Existe uma ideia errônea de que os homens não necessitam serem delicados, desconhecendo essas pessoas que a masculinidade não prescinde da delicadeza, porque para ser homem não é preciso agir de modo bruto. Cada vez mais, a delicadeza, aliada à educação dos costumes, conduzirá nossas emoções com mais equilíbrio e luminosidade, na nossa caminhada milenar na direção das campinas siderais do infinito.

8. Verdade

"O dever começa precisamente no ponto em que ameaçais a felicidade ou tranquilidade do vosso próximo; termina no limite que não gostaríeis de ver ultrapassado em relação a vós mesmos." (Allan Kardec. *O Evangelho Segundo o Espiritismo*. Cap. XVII, item 7.)

PODEMOS DEFINIR A VERDADE como sendo a busca incansável do homem pelo seu verdadeiro destino. Nessa caminhada milenar, ele encontrará muitas verdades temporárias, até que, ultrapassando todas as barreiras da carne e do espírito, possa encontrar a Verdade Maior, que é o seu encontro com o Criador, quando a mente humana se une de modo indescritível com a Mente Divina.

Se alguém, em qualquer época, pedir-lhe para decidir em favor da verdade ou da mentira, não fique com nenhuma das duas; escolha o tempo. O tempo se encarregará de desfazer a mentira e trazer a verdade de volta, com muito mais força. Isso nos faz compreender que tanto a verdade como a mentira são passageiras e podem mudar de lado, de acordo com o tempo e a posição das pessoas. Portanto, necessário se faz a vigilância constante nas nossas experiências, a fim de não nos enganarmos com a verdade, ou acumpliciarmos com a mentira, que muitas vezes se acoberta na verdade.

A consagração do tempo à elevada busca da verdade transforma-se, muitas vezes, numa luta incansável para o homem e, ao mesmo tempo, um modo de vida que suplanta a ociosidade e a mentira. Ninguém consegue caminhar fora das trevas se não acalentar a verdade, que, mesmo temporária, não deixa de ser uma maneira de se exprimir sinceridade e retidão, ao contrário da mentira, que indica suspeita, conluio e sagacidade.

Não importa que a verdade seja abstrata ou que não consigamos vê-la; o mais importante é que Deus significa verdade, e como Seus filhos, também estamos atrelados à verdade. A mentira será sempre algo ruim para nós, que nos constrangerá diante de Deus e dos homens, além de representar perigo, pois traz sempre no seu bojo todas as qualificações deletérias do comportamento equivocado do homem.

Vislumbrar a verdade é procurar com fé, coragem e determinação os melhores dons, a fim de que Deus possa nos mostrar coisas mais excelentes no campo da vida, fazendo com que possamos crescer para Ele, sem as dores e os sofrimentos tão comuns nos dias de hoje, que são frutos exclusivos da mentira, da falsidade, corrosivos contrários à verdade, que quando se apresenta cristalina, rompe as barreiras da mentira para estabelecer a ordem e a paz que todos almejamos para nossas vidas.

Para as nossas mentes ainda embrionárias, a verdade será sempre um aspecto da busca incansável pelo belo e pelo bom, recheado de dificuldades e sofrimentos, numa luta titânica não contra os outros, mas contra si mesmo. O homem é o único responsável pelo seu destino, e a busca da verdade o levará a reconhecer que é um nômade do espaço, um andarilho do infinito, um viajante incansável da eternidade, programado para crescer, evoluir e voltar para Deus.

Em síntese, a verdade sempre foi uma só, e todo tipo de procura, muitas vezes por caminhos diferentes, representa o mesmo anseio que nos conduz à chama divina. Se muitos se desviam durante a caminhada, é porque ainda não estão preparados para atravessar a grande muralha que nos separa da verdade, que só chega aos poucos, de maneira gradativa, a fim de deixar marcas indeléveis nas nossas experiências humanas.

Buscar a verdade é buscar Deus, é buscar iluminação para o nosso espírito, que assim como o nosso corpo físico, necessita de alimento, só que alimento espiritual. A verdade é um alimento espiritual saboroso e forte, que certamente cria dentro de nós uma estrutura básica incrível, fazendo com que nos sintamos corajosos e determinados, sem medo de prosseguir na busca da nossa iluminação espiritual.

Não podemos falar em "minha verdade", pois a verdade também se relaciona, sempre, à compreensão dos outros. Devemos, antes, dizer "a minha senda, aquela que me conduzirá à verdade". Milhares de caminhos podem nos conduzir à verdade, mas o melhor deles será sempre aquele indicado pela nossa consciência mortal, num só tempo nossa advogada, promotora e juíza, sendo a encarregada de nos guiar no difícil caminho da busca da verdade.

9. Palavra

"Quantas vezes perdoarei a meu irmão? Perdoar-lhe-eis não sete vezes, mas setenta vezes sete... Escutai, pois, essa resposta de Jesus e, como Pedro, aplicai-a a vós mesmos; perdoai, usai de indulgência, sede caridosos, generosos, pródigos mesmo de vosso amor..."

A PALAVRA É A MATERIALIZAÇÃO dos nossos pensamentos e sentimentos. Por isso todo cuidado é pouco ao permitir que ela flua de nossa boca, porque, dependendo de seu conteúdo, poderá ocasionar verdadeiros desastres na vida dos outros, comprometendo-nos com o futuro e enodoando nossa consciência diante de Deus e dos homens.

O uso da palavra é tão perigoso e demanda tanta responsabilidade, que o Apóstolo Paulo recomendou que homem que fosse "apressado em ouvir e tardio em falar", numa demonstração cabal de que só se deve falar o que for útil e necessário, jamais o que possa prejudicar a vida dos outros.

É muito importante evitar palavras de tristeza, melancolia, desânimo, como também palavras que estejam recheadas de ódio, rancor, ressentimento, ciúme, inveja, maldade, crueldade, sensualidade, orgulho e egoísmo. Tais palavras certamente irão inocular nas mentes que vão assimilar o conteúdo, farpas mentais difíceis de serem digeridas e capazes de provocar verdadeiras implosões psíquicas em quem as ouve.

Quando a palavra é boa, correta, discreta e voltada para o bem dos outros, inspira confiança em quem ouve, ao contrário das conversações fúteis e dúbias, que comumente criam a desarmonia e não conduzem a mente por um roteiro seguro no campo das informações.

A palavra deve ser sempre positiva e inteligente, causando bem-estar em quem a ouve, seja o assunto sério ou alegre, importando apenas a responsabilidade de quem fala, que deverá usar sempre de serenidade e cordialidade, procurando atrair o ouvinte pela docilidade e a calma com que expõe seu ponto de vista, sem impor ou exigir que haja concordância com o que está dizendo.

Toda conversação deve contemplar momentos de silêncio, acompanhados da meditação, sem a pressa que os falastrões sempre apresentam, que só faz assustar ou irritar o ouvinte. Quando se une a palavra ao ódio ou ao egoísmo, surgem as tragédias da vida, motivadas pela intemperança mental que começa com as palavras, ditas apressadamente e sem o cuidado de se avaliar seu conteúdo, que, sendo corrosivo, pode levar aos piores crimes e tragédias sociais.

Muitos oradores coléricos e desabridos perdem a voz durante a manifestação verbal, numa espécie de punição íntima decretada pela própria natureza do espírito, como se fosse um freio para conter os descalabros da palavra que fere e que leva o homem de volta à condição de animal selvagem. No campo da palavra, o correto é não discutir nunca. Mas, quando em uma situação em que não podemos fugir do embate, o melhor a fazer é calar, porque nesses casos, o silêncio é o antídoto eficaz para esmorecer o mais exaltado.

Em geral, as palavras ofensivas partem sempre de alguém que as acalenta no seu íntimo, e afloram naturalmente durante as crises de cólera. Somente a paz interior pode proporcionar ao homem, palavras equilibradas e sinceras, o que é benéfico não apenas para quem ouve, como principalmente para quem fala, criando em torno de si uma "aura" de luz maravilhosa, uma espécie de contorno eletromagnético que proporciona bem-estar, paz, alegria e felicidade.

De modo geral, nossas palavras são produzidas a partir do nosso estado mental. Exatamente por isso, devemos manter a mente limpa, alegre e esportiva, atendendo aos interesses da vida sem pressa ou afobação, resolvendo nossos problemas com calma e compreensão, sem achar que somos os únicos que temos dores e sofrimentos – portanto, no direito de atassalhar a vida dos outros com palavras ofensivas, muitas vezes por motivos banais ou fúteis, criando aversões e antipatias, que certamente vão dificultar nossa caminhada na direção da luz.

"Vós sois o sal da Terra", "Se esse sal for sem gosto, ele não poderá salgar", disse Jesus, numa alusão clara e insofismável de que nossas palavras devem passar para os outros o que temos de melhor, a fim de que possamos receber dos outros o que tiverem de melhor. Assim funciona a economia da vida, num sistema de trocas energéticas no campo do amor.

10. Heroísmo

"Se perdoardes aos homens as faltas que eles fazem contra vós, vosso Pai celestial vos perdoará também vossos pecados; mas se não perdoardes aos homens quando vos ofendem, vosso Pai, também, não vos perdoará os pecados."

DESDE AS MAIS REMOTAS ÉPOCAS da humanidade terrestre que o heroísmo existe. Não se trata de algo definitivo, mas de situações temporárias, em que determinadas pessoas são levadas a praticar atos superiores às suas forças, criando, assim, um ambiente favorável de heroísmo, quando muitas vezes o que se faz é cumprir com o dever, dentro dos limites de cada um. Quando esse limite é ultrapassado com façanhas incríveis, surge o heroísmo, que mais não é do que o esforço maior em superar dificuldades e vencer obstáculos. Todas as pessoas podem se transformar em heróis, até mesmo os malfeitores ou criminosos, que dentro dos próprios presídios ou cadeias públicas, às vezes se lançam em defesa do que é certo, ajudando a administração dessas instituições, numa reviravolta difícil de ser compreendida, mas que fica marcada em suas fichas penais como ato de heroísmo, coragem e determinação, contrariando tudo o que se sabia antes a respeito desses fora da lei.

Às vezes, o heroísmo é confundido com experiências macabras, e existem até mesmo criminosos que contam com vaidade a fraqueza moral dos seus crimes, como se relatassem fatos heroicos. Toma-se como herói o jogador que vence uma partida, ou um nadador que se atira no mar revolto para salvar uma vida. Considera-se um herói o bombeiro que se investe contra as chamas, expondo-se ao perigo para salvar pessoas, ou um trapezista de circo, que enfrenta as alturas para satisfazer o delírio da plateia.

Na linguagem humana, portanto, não existe uma conceituação exata do heroísmo; tudo depende do momento e da situação vivenciada. Às vezes, até mesmo pequenos atos são considerados heroicos, na medida que tenham influência real na vida dos outros. O heroísmo na guerra é compensado com medalhas de todos os tipos, até mesmo sem que se possa fazer uma avaliação correta do que realmente ocorreu, mas é necessário que se tenha heróis, pois essa prática estimula os combatentes às grandes vitórias.

Os verdadeiros heróis, no entanto, serão sempre aqueles que dedicaram suas vidas em benefício da humanidade. Por exemplo: Pasteur mergulhou vários anos no laboratório de química, até descobrir o antídoto para a raiva que contaminava os animais e causava a morte dos homens. Gandhi abandonou a profissão de advogado na África do Sul, onde era conhecido e respeitado, para voltar à Índia, onde iniciou um projeto de paz para o seu país, que culminou com a libertação da Índia do jugo Inglês. Allan Kardec, professor conceituado em Paris e auxiliar de Pestalozzi, um dos maiores mestres daquela época, abandona tudo para se dedicar à Codificação da

Doutrina Espírita, hoje reconhecida como a Terceira Revelação.

Moisés, filho adotivo de Faraó, criado no palácio com toda a mordomia dos príncipes, larga tudo para guiar seus irmãos judeus rumo ao deserto, onde, depois de muito sacrifício, recebe as taboas dos dez mandamentos divinos, que ainda hoje regem nossas vidas. Bezerra de Menezes, o Médico dos Pobres, depois de décadas prestando serviços fraternos à nação brasileira, recebe convite para alçar voo rumo à esfera superior, mas rejeita a oferta para continuar conosco nesse vale de lágrimas.

O herói é sempre um idealista que não conhece a dor do martírio, um farol que não valoriza a sua luz, pois sabe que deve iluminar os outros, e porque ama com toda a intensidade de sua alma, de seu coração e de seu espírito, só visa ao bem dos seus semelhantes, consistindo nessa prática a sua verdadeira felicidade.

11. Ciúme

"Ainda quando eu falasse todas as línguas dos homens, e mesmo a língua dos anjos, se não tivesse caridade não seria senão um bronze sonante... A caridade é paciente; é doce e benfazeja; a caridade não é invejosa; não é temerária e precipitada; não se enche de orgulho; não é desdenhosa; não procura seus próprios interesses; não se melindra e não se irrita com nada..."

O CIÚME PODE SER CONSIDERADO um "estado da alma" sombrio, em que a pessoa, movida pelo egoísmo, pelo orgulho e pela vaidade, deixa de confiar no outro, tirando a partir daí conclusões apressadas, em que o chamado direito de "posse" prevalece, como se o outrofosse um objeto de sua propriedade, em que ninguém pudesse tocar, chegando muitas vezes às raias do desespero, quando o desejo funesto e autoritário não satisfeito provoca crises de raiva, que podem levar ao crime.

O ciúme é um sentimento ruim, que coloca o coração humano em igualdade de condições com as coisas mais vulgares da vida, ou seja, objetos e posses materiais. O ciúme denomina o estado de revolta contra as possibilidades de perder um simples colar, ou a pessoa que se diz amar. Coisas vulgares e almas são niveladas por baixo, na compreensão do sentimento que chamam de ciúme. Como os sentimentos são incompreensíveis, confusões terríveis se estabelecem, pelo uso indevido das palavras proferidas por ciúme.

O ciúme é um aliado permanente da paixão, e como a paixão violenta nasce do egoísmo, certamente conduzirá suas vítimas pela emoção, levando-as à perdição nas trevas. Quem alimenta o ciúme vive constantemente um sentimento de posse, e cria os argumentos mais ardilosos para justificar seus acessos de cólera e, se possível, suas investidas contra qualquer pessoa ou objeto que, instintivamente, entenda como sua propriedade, impedido que escape de seu domínio.

Poucos sentimentos podem aturdir a alma, partir um coração, deformar um caráter ou mesmo arrasar uma personalidade como o ciúme, que, quando enraizado no cérebro humano, transforma-se num tumor maligno, difícil de ser extirpado, porque passa a fazer parte do ego do homem. A pessoa ciumenta chega mesmo a dizer-se feliz, e a alardear o que sente para os outros, como se carregasse consigo algo de bom e belo, quando, na realidade, carrega consigo um fardo difícil de transportar, que faz com que as pessoas andem curvadas, com o semblante fechado, com medo de tudo e de todos.

Muitos associam o ciúme à existência do amor, mas o amor nunca esteve relacionado com o ciúme, que é egoístico e autoritário, ao contrário do amor, que é benevolente, calmo, sereno e compassivo, deixando sempre um rastro de luz. O amor é e será sempre o equilíbrio; a paixão e o ciúme, o desequilíbrio, um estado da alma mórbido e enfermiço que necessita de tratamento espiritual adequado, antes que se transforme em "obssessão", que é o estágio mais alto do ciúme.

A ausência do ciúme pode ser considerada como a permanência do amor, idêntica à experiência de um pássaro em pleno voo, batendo suas asas na amplidão do sentimento, onde uma asa confia sempre na outra, pois ambas se equivalem, mantendo o ritmo de confiança que deve existir entre as duas partes. As asas têm um só corpo, e esse corpo, para se manter nas alturas, precisa da dedicação de ambas, pois se uma das asas não acompanhar o ritmo da outra, o amor ou o corpo da ave cai do espaço, prevalecendo a força da paixão e do ciúme.

Dificilmente alguém se mata por amor, mas sim por paixão e ciúme. Tendo-se permitido dominar, a mente enfermiça se deixa conduzir pela força arrebatadora do egoísmo, atentando contra a vida dos outros ou a sua própria, em gestos de difícil compreensão, muitas vezes destruindo toda a esperança de um grupo familiar e deixando marcas indeléveis que só o tempo pode apagar.

Um dos antídotos mais eficazes para se isentar da influência da paixão e do ciúme é manter um espírito forte acautelado pelo silêncio, pela prece e pelo recolhimento, aliados ao estudo de obras espíritas, ao comparecimento a palestras doutrinárias, ao culto no lar e ao exercício da caridade e da fraternidade. O nosso pensamento deve sempre estar voltado para Jesus, nosso guia maior e responsável pelas nossas vidas, pedindo a Ele que nos envolva, que nos dê intuições e sugestões, a fim de que possamos evoluir com rapidez e determinação.

Outro detalhe importante: o ciumento é sempre alguém que não sabe perder, que não aceita nenhum tipo de derrota, mesmo sabendo que muitas vezes as derrotas são vitórias que se apresentam de maneira diferenciada, mas que trazem no seu bojo lições magníficas de aprendizado que, quando aceitas, transformam-se em excelentes conquistas nos campos da carne e do espírito.

12. Calúnia

"Quando fordes convidados para bodas, não tomeis nelas o primeiro lugar, temendo que se encontre entre os convidados uma pessoa mais considerada que vós, e que aquele que vos tiver convidado não venha a vos dizer: Dai vosso lugar a este (...) porque todo aquele que se eleva será rebaixado, e todo aquele que se rebaixa será elevado." (Allan Kardec. *O Evangelho Segundo o Espiritismo*. Cap. VII, item 5.)

A MANEIRA MAIS PRÁTICA DE DEFINIR o que é a calúnia ou a maledicência seria subir em um edifício de oitenta andares, levando um travesseiro de plumas de pássaros, e lá do alto, abrir o travesseiro, e soltar as penas ao vento com a seguinte pergunta: será que dá para juntá-las novamente. Assim é a calúnia: uma vez proferida, fica muito difícil desmanchar sua trama, e funciona como se fosse uma serpente de trevas que, num só momento, enlaça quem fala, com quem se fala e de quem se fala.

Ninguém está isento do veneno da calúnia, sendo que cada pessoa receberá o quanto lhe for inoculado, de acordo com a receptividade a que estiver sujeita. Insaciável, a calúnia aproveita os ouvidos atentos à curiosidade para imprimir sua voz destruidora, ou ainda se aproveita da fraqueza moral dos incautos para esparzir a mentira como se fosse verdade, num ritmo incansável de espalhar o mal, a desunião e a maledicência.

Dificilmente encontraremos ouvidos fechados para a calúnia, que apresenta o fator novidade, satisfazendo a curiosidade das pessoas, que se tornam frágeis pela falta de vigilância íntima, acabando por aceitar conselhos e informações sombrias e deletérias para o convívio social. Somente quem busca a verdade interior, ditada pela consciência imortal, tem condições de se desviar da calúnia, que se apresenta sempre recheada de mentiras que acabam sendo tomadas como verdades, e só o tempo se encarrega de dissolver esses miasmas purulentos da vida humana.

Não há a menor dúvida de que a calúnia é uma doença terrível, um estado mórbido da alma, pois o seu micróbio devastador enlouquece o difamador e contagia os que lhe dão ouvidos. Daí a importância de amparar todos aqueles que estejam envolvidos com essas tramas da vida e tenham atraído, por meio da calúnia, trevas para o coração e para a alma, pelas palavras apodrecidas em contato com a mentira e a difamação.

A calúnia é o vírus contagioso e nocivo exsudado por intermédio da palavra, e o caluniador é uma pessoa muito doente, que espera baixar sua febre mórbida de maldade, dificultando a vida dos outros, com o único intuito de locupletar com o êxtase temporário, de ter feito mal ao seu semelhante, mesmo sabendo que tudo na vida tem retorno e que a verdade sempre aparece, quando menos se espera.

Uma das melhores terapias para enfrentar o caluniador é silenciar-se diante dele, que não tendo êxito em suas abordagens, desespera-se e sai em busca de outros, que lhe possam apresentar facilidades no campo da palavra, demonstrando, quando atendido em suas pretenções, estranha volúpia, e até mesmo certa dose de alegria.

Feliz aquele que consegue guardar nos lábios palavras de paz, alegria e felicidade, procurando transmitir aos outros o que tem de melhor, sem a utilização da calúnia, que só consegue perverter qualquer ambiente, seja no trabalho, nas ruas ou no lar, espalhando o desequilíbrio mental entre as pessoas, deixando dúvidas até mesmo entre pessoas amigas ou membros da parentela familiar, quebrando a harmonia que deve existir no campo social, onde todos devem e precisam viver em paz. Deus não nos deu a boca para ferir, nem deu a palavra para ofender, mas modelou o ser humano para servir de instrumento da Sua vontade, por meio do amor implantado nos corações dos homens. A boa palavra nos leva ao encontro da amplidão do pensamento contínuo, que educado convenientemente e expressado com a palavra séria, educativa e balsâmica, conduz-nos aos verdadeiros destinos da imensa luz.

13. Solidão

"O egoísmo é, pois, o objetivo para o qual todos os verdadeiros crentes devem dirigir suas armas, suas forças e sua coragem; digo coragem porque é preciso mais coragem para vencer a si mesmo, do que para vencer os outros."

DEFINIR A SOLIDÃO SERIA definir um estado da alma em que o ser humano encontra-se consigo mesmo, num silêncio consciente e programado, em que tudo perde o valor imediato, a não ser a vontade hercúlea de se encontrar com Deus, numa comunhão indescritível da mente humana com a Mente Divina. Não existe nenhum tipo de dor que não possa ser curado por meio da solidão, porque somente estando só o homem consegue analisar o drama de sua existência. Quando está em permanente contato com a multidão, ele não pode conter a enxurrada de problemas que dia a dia, hora a hora, minuto a minuto, batem-lhe à porta da alma. O único meio plausível de se afastar do cotidiano violento das grandes cidades é estar só.

Parando o tempo e a vida que giram em torno dele, os problemas diminuem em face da paz e do silêncio que a solidão propicia, dando-lhe condições de voltar para a luta sem os resíduos dos atritos entalhados no seu interior pela lâmina do barulho e da confusão.

A verdade é que, ultrapassando as fronteiras da solidão, o ser humano fecha a porta do esquecimento, desligando sua mente do presente, e o seu raciocínio, então, retroage, trazendo-lhe toda a carga acumulada, sempre mais forte do que sua resistência normal. Diante do automatismo da vida, ele não se apercebe disto, e continua a agir e a carregar as emoções e vibrações do seu íntimo, julgando erradamente que é mais forte do que seu mundo interior. Somente a solidão tem o poder de afastá-lo dessa ilusão, trazendo-o de volta para o seu interior, onde certamente encontrará forças para se reabilitar diante dos obstáculos que terá pela frente.

Na vida atual, muitos procuram médicos para seus males, mas continuam doentes; muitos procuram a riqueza dos bens materiais, mas continuam pobres; outros tantos procuram conselhos para seus erros sentimentais, mas continuam aflitos; e muitos ainda procuram a salvação de suas almas, mas continuam perdidos. Mas sem dúvida nenhuma, muitos encontram na solidão o lenitivo para suas dores do corpo e da alma, porque a solidão significa refletir, repensar, acomodar-se, aconselhar-se com a consciência, e principalmente encontrar-se com Deus.

À primeira vista, a solidão pode parecer uma espécie de castigo que o homem imprime a si mesmo, mas na realidade significa uma parada obrigatória em que colocamos o pé no freio, para que possamos andar com mais rapidez depois do descanso. No silêncio da solidão podemos perceber a revelação de um mundo novo, antes desconhecido para nós, mas que existe nos recônditos de nossa alma, e ao qual só os espíritos enobrecidos têm acesso.

A felicidade que tanto desejamos nunca anda de mãos dadas com o tumulto e a confusão, mas sempre ao lado do silêncio, da solidão, da prece e do recolhimento, que são virtudes das almas enobrecidas pelo trabalho no campo da carne e do espírito. Somente através da solidão podemos entender o mundo em que vivemos, porque estamos aqui e para onde vamos. A quietude proporciona um sentimento de alívio e paz para o nosso espírito, que tem na solidão seu principal remédio, aliviando-se das tensões normais do cotidiano e do relacionamento muitas vezes inamistoso com os nossos semelhantes.

Muitos pensam que ter força e energia é caminhar por muitas quadras sem necessidade, ou falar durante horas para determinado público, seguindo instintos e estranhos roteiros impostos pelas convenções humanas. Mas quando o homem para um instante e esquece o boneco articulado que é, movimentado pela terrível corda do instinto, quando ele se aquieta, percebe, a princípio fracamente, depois definitivamente, que pode trazer a solução à sua alma, porque no livro da vida de sua mente superior está escrita a fórmula para sanar todas as moléstias e todos os desencantos: a solidão.

14. Dúvida

"Porque uns nascem na miséria e outros na opulência, sem nada terem feito para justificar essa posição? Por que nada para uns dá certo, enquanto para outros tudo parece sorrir? As vicissitudes da vida têm, pois, uma causa, e, uma vez que Deus é justo, essa causa deve ser justa. Eis do que cada um deve se compenetrar-se bem..."

NO CAMPO DA AÇÃO MENTAL, a dúvida é corrosivo que geralmente conduz à derrota. Isto porque a dubiedade mental, sem antes meditar sobre o que fazer, toma ora o rumo da esquerda, ora o do centro, ora o da direita, dificilmente chegando a um acordo, permanecendo a dúvida, o que leva à exaustão e à perda de tempo.

É inegável que nada entrava mais a marcha evolutiva do homem do que a dúvida, porque quando duvidamos, perdemos a orientação das estradas livres, pela falta da certeza de nosso destino, dilacerando nossa mente no dualismo das indecisões. No entanto, somos nós mesmos que emprestamos o alimento de nossas ideias a esse terrível sentimento que é a dúvida.

Todas as pessoas que içam bandeiras ora brancas, ora vermelhas ou azuis, no topo do mastro de suas existências, ainda não definiram o que querem para si ou para os outros; não têm ainda um caminho definido que possam trilhar, por isso caminham a esmo, sem direção ou roteiro, ao sabor das ondas, duvidando de tudo e de todos, colocando sempre uma pitada de desconfiança nas ideias alheias, porque ainda não têm as suas próprias.

A dúvida é também uma forma mascarada de medo, que muitas vezes ilude com a aparência de prudência, mas na maioria das vezes reflete um comportamento tímido e desconfiado, que se extravasa até mesmo com as pessoas de nossa confiança, que podem vir a sentirem-se desonradas com o nosso procedimento de dúvida e desconfiança em relação a elas.

Esse sentimento dúbio é algo interiorizado que vive no nosso pensamento e que se transforma em atitude todas as vezes que temos de decidir alguma coisa, tomar partido ou influenciar pessoas. E o que é pior: dificilmente decidimos alguma coisa; o mais provável é que, depois de muito tempo, decidamos não decidir.

Na natureza tudo é decidido com antecipação e certeza; não há dúvidas, tudo segue o caminho predestinado pelos próprios seres, que são os responsáveis por sua evolução, porque qualquer tipo de dúvida ou desconfiança certamente atrofiaria o desenvolvimento até de uma semente, que em síntese, sabe exatamente sua espécie e que tipo de árvore será um dia.

A ação do homem, seja no campo da carne ou do espírito, deve ser sempre corajosa e determinada, não permitindo que a dúvida possa colocar sombras no seu pensamento, pois isso permitiria que ele perdesse o rumo daquilo que deseja, que em caso de dúvida, dificilmente será alcançado.

A infelicidade, que é um estado mórbido da alma, se veste do dia ou da noite, aproveitando-se dos dois tipos de energia, exatamente porque não sabe ou não soube optar pela luz ou pela sombra, parando no tempo e no espaço, gerando esse estado da alma tão doloroso para as pessoas, que, indecisas no seu livre arbítrio, sofrem as consequências da dúvida.

Não podemos permitir que os outros nos coloquem em dúvida. Antes, devemos tomar uma decisão de acordo com a nossa consciência, pois é ela a responsável pelos nossos atos e que nos julgará no futuro, elogiando nossos acertos e corrigindo nossos erros. Isso não se dá sem riscos, sendo, portanto, necessário arriscar com coragem, abandonando a dúvida, a insegurança e a desconfiança, partindo para a luta de peito aberto, sempre com Jesus, que é nossa Bússola, cuja agulha magnética aponta para o infinito de Deus.

15. Mentira

"Todos tendes más tendências a vencer, defeitos a corrigir, hábitos a modificar; todos tendes um fardo mais ou menos pesado a depor para escalar o cume da montanha do progresso. Por que, pois, serdes tão clarividentes para com o próximo e cegos em relação a vós mesmos?"

DIZ UM PROVÉRBIO POPULAR: "numa corrida, é mais fácil alcançar um mentiroso do que um coxo". Isso se deve ao fato de que a mentira tem "pernas curtas", e a sua existência é efêmera, com durabilidade programada para se desfazer em curto espaço de tempo. A mentira pode ser um hábito de vidas passadas, mas pode ser também hábito contraído na vida atual. Às vezes, quando criança, a pessoa começa mentindo em coisas pequenas, sem grande importância. Essa aparente irrelevância faz com que o indivíduo cresça alimentando o hábito da mentira, através da adolescência, até à maturidade, muitas vezes sem se dar conta das proporções que o hábito de mentir passa a tomar.

Dizem os "filósofos de meia tigela" que mentir é uma arte, mas na realidade, mentir significa enganar os outros, com ideias e conceitos que não são válidos ou aceitos pela sociedade, deturpando os valores morais, corrompendo os bons costumes e levando ao descrédito pessoas sérias que são prejudicadas por esse corrosivo da alma.

A mentira está no cinema, no teatro, nas novelas, nos jornais e livros, porque possui um atrativo especial, algo que chama a atenção das pessoas, principalmente daquelas que são chegadas à gratuidade, à iluminação automática, ao enriquecimento sem esforço e tantos outros métodos mirabolantes em que se aplica a "varinha de condão" ou o "pó de pirlimpimpim", para adquirir bens materiais sem trabalho ou luta.

Muitas vezes o pavor ou o medo de alguma coisa induz à mentira, e durante a infância, muitas crianças são levadas a aprender a mentir, devido aos "métodos educativos" de muitos pais ou "educadores" que, completamente equivocados, optam pela opressão como ferramenta didática. Qual criança, ao se ver pressionada por colocações como: "Diga logo a verdade, foi você que quebrou a vidraça da janela? É melhor dizer a verdade ou vai levar uma surra!", terá coragem de assumir um acidente tão comum? E aí, as pequenas mentirinhas começam a se mostrar verdadeira aliadas.

Ao omitir dos pais a verdade, para se livrar de um castigo ou de uma agressão, começa a nascer um mentiroso em potencial, que com o tempo não pensará duas vezes antes de se proteger de algo desagradável com uma "mentirinha". Há mentira até mesmo entre aqueles que necessitam da caridade alheia, pois muitos mendigos preparam chagas artificiais nos braços e pernas para impressionar suas vítimas, arrecadando dinheiro de maneira mentirosa, simulando doenças que nunca existiram.

Muitas vezes o sentimento exige reservas, e a mentira é o recurso que os corações encontram para encobrir a realidade do afeto. Quantos casais permanecem juntos, mesmo sabendo que uma das partes está mentindo, que não há mais afinidade entre eles, apenas a compaixão, o medo ou a insegurança, que faz com que mintam um para o outro, adiando muitas vezes casos complicados que poderiam ter um final feliz, mas que, devido à mentira, transformam-se em tragédia.

Também é comum pregar-se a mentira em nome do amor, adiando decisões no campo íntimo e se comprometendo ainda mais com o próximo. Mesmo quando a mentira vai resultar em benefício, ainda assim ela deve ser descartada, porque em curto espaço de tempo virá à tona a verdade, e todos os meios utilizados na mentira serão descobertos, causando constrangimento e dores nas partes envolvidas.

Com a finalidade de preservar sentimentos escusos, muitas pessoas se comprometem com a mentira, achando que estarão encobertas pelas sombras do silêncio e do segredo, mas chega sempre uma hora em que a verdade se revela, desmascarando a mentira e deixando à deriva seu autor, que identificado na sua intemperança mental, chora amargamente diante de sua incúria.

16. Sensibilidade

"Pilatos, então, lhe disse: Sois, pois, rei? Jesus lhe replicou: Vós o dissestes: eu sou rei; eu não nasci e nem vim a este mundo senão para testemunhar a verdade; qualquer que pertença à verdade escuta minha voz." (Allan Kardec. *O Evangelho Segundo o Espiritismo*. Cap. II, item 1.)

A SENSIBILIDADE É UM SENTIMENTO que se exsuda por meio do sistema nervoso, conduzindo as nossas experiências à compreensão e à inteligência, principalmente quando é dirigida para a área dos sentimentos superiores, onde cria, na alma, possibilidades de entendimento profundo. Quando desce às paixões, porém, transforma-se num terrível instrumento de emotividade sem controle, resultando em prejuízos desastrosos.

Ao contrário do que muitos pensam, os grandes homens engajados em projetos sociais são fortemente sensíveis, e de um modo geral resistem às criticas e comentários desfavoráveis dirigidos a eles, pois a sensibilidade é também uma fortaleza interior, que absorve com naturalidade as aversões e antipatias tão comuns entre os homens.

A sensibilidade não diminui com o crescimento da inteligência, ao contrário, agiganta-se para atingir sempre patamares superiores, suplantando sempre a ação nefasta dos medíocres. É por meio da sensibilidade que se percebe o amor, que muitas vezes se apresenta de maneira quase invisível aos olhos humanos, e só mesmo a sensibilidade, com seus olhos espirituais, consegue visualizar esse sentimento maior que parte do coração humano.

Quem desenvolve a sensibilidade consegue se emocionar com o choro de uma criança, com o pipilar de um pássaro, com o desabrochar de uma flor, com os raios do sol, com o magnetismo da lua, com o ruído das ondas do mar, com um filme de amor, com a leitura de um romance, enfim, extasia-se com qualquer coisa que possa tocar seu coração, adornado pela virtude da sensibilidade.

O portador da sensibilidade vive o direito de sentir, e sente e vibra como se tivesse asas para voar com liberdade, movido por esse instrumento interior da nossa alma, atendendo aos movimentos sutis das cordas imateriais que despertam lágrimas e muitas vezes o choro convulsivo. A sensibilidade desafia seus investigadores, que procuram respostas por meio de conceitos externos, sem conseguir aceitar que ela é interior, ou seja, algo que brota de dentro do ser que, ornamentado por sentimentos superiores, exsuda para fora de si esse suspiro da alma, esse êxtase temporário da vida.

É a sensibilidade que produz o canto do pássaro, amplia o perfume da flor e dilata os olhos da fera. Une as polaridades para a ação reprodutiva da vida e desloca o sentimento pela tela invisível das recordações... E acorda a saudade que dormita no coração da gente. Faz rir e chorar ao mesmo tempo; faz amar e odiar, iluminando ou apagando as luzes do caminho, acendendo ou escondendo as estrelas do firmamento.

Enfim, a sensibilidade é a energia que corre e produz relâmpagos no céu ou incendeia a inspiração do homem. É ela também que dá à Terra o movimento de translação e rotação; dá luz ao entendimento da ciência na busca da verdade e é ela que arranca, por intermédio das mãos do escultor, a forma perfeita do informe bloco de mármore. É ainda a sensibilidade que conduz aos braços abertos do Calvário, à libertação mística da humanidade que geme e chora.

A sensibilidade pode ser vislumbrada em todos os seres, até mesmo na pedra, e vemos em silêncio, quando contemplamos as lágrimas da vida que rola na face dos seres humanos. A arte talvez seja a manifestação mais perfeita da sensibilidade, porque o artista não contém sentimentos, mas procura dar forma ao que sua alma não consegue deixar oculto. Assim é a sensibilidade: uma voz interior que grita. E se tentarmos matá-la, morreremos com ela.

17. Compreensão

"Homens de uma capacidade notória que não a compreendem, enquanto que inteligências vulgares, de jovens mesmo, apenas saídos da adolescência, a apreendem com admirável exatidão em suas mais delicadas nuanças." (Allan Kardec. *O Evangelho Segundo o Espiritismo*. Cap. XVII, item 4.)

DERIVADA DO VERDADEIRO AMOR, a compreensão é uma virtude maravilhosa da alma, porque cria por automatismo o entendimento, tão necessário para a convivência dos seres humanos, que sem a vida social, sem o compartilhamento, a serenidade e o respeito entre os homens, viveriam como se fossem animais selvagens: sem códigos, sem leis, ou melhor, sem controle, tal qual carros desgovernados, sem freios, descendo ladeira abaixo.

Nos estudos do saber humano, a profundidade dos conhecimentos ilumina a mente, que com o tempo enche-se de claridade, à medida que adquire a virtude da compreensão. Em verdade nada pode haver como o amor, para gerar em nosso coração a verdadeira compreensão, que nos leva a perdoar as faltas do nosso próximo, mesmo sem aceitá-las como algo correto, posicionando-se sempre contra o erro, mas tendo compaixão do infrator.

Quem ama e compreende não vê defeitos, e passa a compreender no objeto de sua atenção razões justificáveis, até mesmo naquilo que outros veem como falta grave, criando a partir do amor o verdadeiro entendimento, fazendo com que os defeitos possam desaparecer. Quem consegue desenvolver no seu íntimo à compreensão, abstém-se de analisar ou criticar os deslizes morais que todos possuímos, porque, antes de corrigir os outros, olha para dentro de si, procurando algo que precise ser corrigido.

Quando destacamos o entendimento entre dois seres, ou mesmo a atuação do homem diante da humanidade, podemos afirmar que, morrendo a compreensão, o ódio estará sempre à espreita, a fim de inocular seu veneno mortal nos corações das pessoas desavisadas e incautas, estabelecendo a partir daí a confusão, a discórdia e o desequilíbrio, levando as pessoas de encontro às sombras da desconfiança e do respeito.

A compreensão produz o carinho que, por sua vez, gera o perdão para as fraquezas alheias e o amparo para os momentos torturantes das trevas. Felizes são todos aqueles que acalentam em suas almas a virtude da compreensão, e venturosos os que sabem conservá-la, pois se não houver um exercício constante no sentido de mantê-la; com certeza ela pode ser atingida pelos raios da desconfiança, da maledicência, da mentira, do ciúme, do egoísmo e do orgulho.

Amando verdadeiramente, o ser humano pode compreender com absoluta certeza as faltas cometidas pelo seu semelhante, sem procurar argumentos tendenciosos para justificar as agressões, que normalmente surgem quando não há entendimento entre as pessoas que, batizadas pelo ódio, rancor ou ressentimento, dificilmente chegam à compreensão, exatamente porque os ânimos ficam exaltados, e os seres humanos perdem a oportunidade do entendimento, tão necessário em qualquer tipo de disputa, que certamente fica muito mais acirrada quando não conta com o antídoto da compreensão.

O uso da compreensão leva o homem a ser ponderado, calmo, sereno e silencioso, buscando sempre o diálogo entre as partes, afim de que todos saiam satisfeitos após o debate, sem deixar mágoas ou ressentimentos porque uma das partes foi lesada, mas sim, deixando todos felizes pelo acordo que acabou por beneficiar todos os envolvidos.

A compreensão evita que ocorra o descontrole, tão natural nas pessoas violentas, que acaba por lançar todos no lodaçal das discussões estéreis e prolongadas, sem nenhum efeito prático, porque são mantidas por meio da intolerância e do autoritarismo, corrosivos terríveis embutidos nos refolhos da alma, e que só mesmo a compreensão pode extirpar.

18. Sinceridade

"Quando alguém não quiser vos receber, nem escutar vossas palavras, sacudi, em saindo dessa casa ou dessa cidade, o pó de vossos pés. (...) Assim diz hoje o Espiritismo aos seus adeptos. Não violenteis nenhuma consciência; não forceis ninguém a deixar sua crença para adotar a vossa." (Allan Kardec. *O Evangelho Segundo o Espiritismo.* Cap. XXV, itens 10 e 11.)

TALVEZ UM DOS SENTIMENTOS de maior importância no relacionamento entre os seres humanos seja a sinceridade, porque ela demonstra a altivez de caráter das pessoas que pautam suas experiências nos princípios éticos de uma educação forte, baseada no respeito e na solidariedade, que, em síntese, devem existir entre os homens, mantendo-os unidos pela lealdade e pela confiança mútua das partes envolvidas.

Quem é insincero com o semelhante mente para si mesmo e desperta no seu próximo um sentimento de aversão, muitas vezes invisível aos olhos humanos, mas que consegue ser captado por todos aqueles que se mantêm vigilantes nos seus ideais e comprometimentos, só aceitando a falta de sinceridade por compaixão, na espera de que a pessoa envolvida possa mudar de posição e adotar a sinceridade como prova de amizade e consideração.

A grande força e a penetração da sinceridade então na autoanalise, no conhecimento íntimo das qualidades e dos próprios defeitos. Quem não se julga com sinceridade, tentando iludir sua consciência, termina perdendo o precioso bem da paz interior. De modo geral, as formalidades sociais escurecem o valor desse nobre sentimento, haja vista as atitudes assumidas em face às cerimônias religiosas que são aceitas, muitas vezes, somente em caráter protocolar. Esse é um sinal desastroso, porque se nos tornamos insinceros diante da fé, facilmente podemos imaginar o resto.

A sinceridade não é facilmente demonstrada e só se manifesta através do tempo, que em síntese, é o encarregado de aflorá-la de maneira explícita, enquanto os insinceros acabam tropeçando nos obstáculos dos acontecimentos. Diz o ditado: "se queres conhecer o vilão, entrega-lhe o bastão", e isso nós podemos verificar na própria História Universal, quando deparamos com falsos humildes que se tornam terríveis tiranos, após assumir qualquer parcela de poder.

Muitos acham ser impossível haver sinceridade entre os homens, e exatamente por isso, arvoram-se do direito de usar a hipocrisia, o que é lastimável, pois em face de erros alheios, não devemos criar para nós mesmos outros iguais ou piores. Os atos sinceros são naturais e jamais trazem arrependimento, ao contrário da falta de sinceridade, que geralmente deixa um rastro de tristeza e melancolia, pelo simples fato de se ter enganado o nosso semelhante.

Todos os seres considerados sábios, que conseguiram vencer as fraquezas humanas e deixaram marcas indeléveis de seu comportamento diante de Deus e dos homens, foram inegavelmente sinceros, sempre coerentes com seu mundo interno, dificilmente modificando o modo de pensar ou de agir, pois sempre estiveram inspirados por entidades espirituais superiores que, atraídas pela sinceridade desses líderes da conduta social, deram-lhes as condições de evoluir e crescer, sem enganar a ninguém.

Outro critério interessante da sinceridade é a delicadeza, na maneira de falar, de agir e de interagir com os outros, sempre com lealdade e finura, evitando atritos desnecessários, aversões e antipatias gratuitas, que com o tempo podem se transformar em ódio, rancor ou ressentimento. Quando percebermos que a sinceridade pode trazer conflitos ou desentendimento, o melhor é silenciar e aguardar as surpresas do tempo, que irá determinar os verdadeiros valores e grandeza da alma.

É muito importante, também, entender que a sinceridade não é uma arma feita para ferir o próximo, e sim um mecanismo de abordagem amorosa, leal e prática, que só deve ser usada para melhorar a vida das pessoas, e não para mostrar as mazelas tão naturais que todos nós carregamos conosco. Nos seres humanos menos evoluídos, a sinceridade só aparece depois de muito tempo, e muitas vezes, só mesmo a dor e o sofrimento são capazes de estruturar, nesses corações desviados das Leis divinas, sentimentos como a sinceridade, a lealdade e o perdão.

A falta de sinceridade dificulta o relacionamento humano, naturalmente isolando as pessoas insinceras, que não encontram campo afetivo adequado no meio social em que vivem, causando transtornos dentro do próprio grupo familiar. Entre os espíritos evoluídos, a sinceridade não precisa de meios artificiais para se manifestar, pois é sempre a mesma, natural e franca, aflorada com carinho, respeito e consideração.

19. Silêncio

"Por que essa porta tão estreita, que é dada ao menor número transpor, se a sorte da alma está fixada para sempre depois da morte? É assim que, com a unicidade da existência, se está incessantemente em contradição consigo mesmo e com a justiça de Deus. Com a anterioridade da alma e a pluralidade dos mundos, o horizonte se amplia." (Allan Kardec. *O Evangelho Segundo o Espiritismo*. Cap. XVIII, item 5.)

SEGUNDO O ESTUDO DE SÁBIOS, filósofos e especialistas na área do relacionamento humano, o silêncio é o melhor antídoto para qualquer ocasião. O silêncio acaba com a maledicência, acalma os ânimos de qualquer tipo de rixa, emudece o exaltado, constrange o violento, acalma o intrigante e restabelece a ordem durante qualquer tipo de tumulto. A própria vida nasce do silêncio, até que o ser humano chore pela primeira vez ou o pássaro cante silenciosamente.

Por meio do silêncio, descobrimos que o som harmônico da natureza morre no ruído do mundo, pois ele é o templo do pensamento contínuo. Só descobrimos a verdade quando a nossa palavra penetra o sacrário da meditação e do silêncio. Todas as vezes que desejamos encontrar a árvore das ideias, temos que nos acalentar em profundo silêncio, a fim de promovermos um encontro com o nosso "Eu" interior, assim como o mar encontra o seu verdadeiro silêncio nas suas águas mais profundas.

Quanto maior o silêncio, mais profundo e sábio se torna o pensamento, que, diante do tumulto e de muitas vozes, perde-se no emaranhado de palavras fúteis que nada acrescentam às nossas vidas, mas ao contrário, cansam a mente e as cordas vocais, destinadas a salgar a vida das pessoas. Somente o silêncio consegue falar direto ao coração que se encontra em desespero.

Reparemos que nossos ouvidos são silenciosos; se falassem, não ouviríamos nem a nossa voz. Assim, precisamos silenciar, a fim de que possamos ouvir com atenção. Do silêncio da reflexão nasce a palavra que encanta, como pode brotar também a fórmula curadora que restitua a voz aos lábios humanos. Eternas sinfonias de música clássica e erudita nasceram do silêncio para acariciar os ouvidos saturados de ruídos exteriores.

É por meio do silêncio que o ser humano vive os maiores êxtases da vida, quando, em meditação e prece silenciosa, desprende-se do corpo e realiza verdadeira viagem astral, muitas vezes dentro de si mesmo, outras vezes em locais paradisíacos do espaço infinito, onde o silêncio impera de maneira harmoniosa, sem que ninguém possa perturbá-lo ou diminuir a sua essência divina.

Quando almas enobrecidas trocam impressões sobre a beleza, a arte, a ciência e outros assuntos de alta magnitude, estão na realidade falando do infinito amor, do amor que conduz ao silêncio, à prece e ao recolhimento. Podemos ainda enumerar o silêncio do deserto, onde até os animais são por índole silenciosos, e somente as tempestades de areia quebram brevemente o silêncio, para logo depois voltar a normalidade, num cenário bucólico e sutil em que o silêncio predomina sobre a natureza agreste do deserto silencioso.

Todos os seres da natureza sem exceção precisam de momentos silenciosos em suas vidas, e até os animais passam por esse estágio obrigatório, muitas vezes quando estão próximos da morte, quando se refugiam para locais isolados para, longe dos demais companheiros, aguardarem pacientemente e silenciosos a hora fatal. Isso acontece muito com os elefantes e algumas espécies de gorilas, que não tendo mais condições de acompanhar o dia a dia com os demais, partem para o holocausto da vida, silenciando e aguardando a extinção do princípio vital que anima o seu corpo físico.

Por outro lado, o silêncio programado pela religiosidade para evitar contato com a sociedade, ou o chamado "voto de silêncio", são contrários à Lei de Deus, porque o homem é um ser social, programado para interagir com os outros. O problema está no falatório inútil, abordando futilidades. A conversa sadia e sincera faz parte da evolução do homem, que necessita trocar informações com os outros, a fim de dar o que possui e ao mesmo tempo adquirir o que os outros têm, numa interação energética incrível, em que todos ganham mais potência e maneabilidade durante as parcerias humanas.

20. Amor

"Tal é aquele que, tendo feito mal sua tarefa, pede para recomeçá-la, a fim de não perder o benefício do seu trabalho.(...) Rendamos graças a Deus que, na sua bondade, concede ao homem a faculdade da reparação e não o condena irrevogavelmente pela primeira falta." (Allan Kardec. *O Evangelho Segundo o Espiritismo*. Cap. V, item 8.)

A MAIOR EXPRESSÃO VITAL existente no Universo em que vivemos é sem dúvida nenhuma o amor, e todos aqueles que se candidatam a não crer nessa premissa certamente são ateus, descrentes de Deus, da vida e dos homens. O amor é sempre amor e, embora esteja presente em tudo, ainda que permanecendo oculto aos olhos de muitos, revela-se de modo diferente a cada criatura, muito embora seja ele um só. Criaturas que são feridas mortalmente pela desilusão podem ressuscitar para o encantamento da vida, em face do inesperado aparecimento do amor.

O verdadeiro amor é capaz de revelar-se aos olhos mais incrédulos, nos momentos mais cruciais ou inesperados. Quantos não (re)conheceram o verdadeiro amor apenas em seu leito de morte, ao sentirem a divina presença na serenidade alcançada na fé ou no apoio de amigos e familiares? O amor é uma certeza de Deus, que abre nossos olhos para que possamos enxergar a poesia espalhada pelos caminhos do mundo, a beleza que antes não percebíamos, por caminharmos distantes do amor. Por trás de qualquer grande obra há um coração pulsando a sinfonia do amor.

Ainda que possa fragilizar-se quando vilipendiado pela traição, recuando ao ser ferido pela desconfiança, a nobreza do amor ainda é capaz de reascender nos corações humanos, que se sentiriam vazios sem ele, a alegria e a força de vontade necessárias à vida.

É próprio do amor dividir-se irmamente aos coraçõe que se buscam, tocam-se; daí ser tão difícil amar quando não nos sentimos amados, devido a incerteza de se entregar totalmente e ao medo do sofrimento que pode resultar de um amor não correspondido. A paixão, por poder se mostrar um sentimento egoísta, pode nos abandonar a qualquer momento, se não souber como amadurecer e evoluir, deixando-nos entregues à melancolia e à depressão; nunca o amor.

As setas iluminadas do amor, embora invisíveis, operam, no mundo, os mais surpreendentes milagres, pois sendo avesso ao lodo das perdições, o amor sublima a existência daqueles que para ele abrem as portas do coração. Inspirado pelo verdadeiro amor, o mundo povoou-se de beleza e sonho, sem se importar com as incompreensões que os limites e preconceitos tentaram levantar ao longo do caminho. Quando o amor mora em dois corações unidos, não há espaço para as sombras das incertezas, pois ele a tudo ilumina e aquece, qual sol interior a alimentar nossas vidas.

Seja por um poema ou uma escultura, uma tela de pintura ou música, um engenho de mecânica ou uma fórmula científica, o amor pode se revelar por meio de qualquer coisa, dando à Terra a alegria de dizer: "Eu sou o Amor! Habitei milhares de corações e construí o mundo. Se você caminha por entre tudo o que inspirei, e ainda se diz incapaz de amar, ergue os olhos em direção às estrelas, porque eu não me encontro apenas na Terra, mas também no céu".

Sem o amor habitaríamos em meio às maravilhas criadas por Deus como se vagássemos por um imenso deserto, incapazes de nos afinarmos com as belezas e a energia da natureza, cegos pela melancolia, vibrando em faixa muito negativa devido ao afastamento dos sentimentos altruísticos. Cabisbaixos, seríamos incapazes de contemplar o caminho adiante. Vazios de amor, seríamos incapazes de sentir o ritmo próprio da vida, e tudo, assim, nos pareceria monótono. É o encantamento do amor que faz pulsar os corações, enobrecendo-os pela sensação do dever cumprido, conferindo-lhes mansuetude e calma. Aquele que ama caminha em paz pela vida, sem que nem mesmo a certeza e a proximidade da morte sejam capazes de roubar-lhe a calma, por permanecerem, pelo amor, conectados aos amores presentes e aos que já partiram, pela vida ou para além dela. Aqueles que amam sabem que, na verdadeira vida, que os aguarda além da morte, o amor permanece, aguardamdo-os com esperança e alegria. Para o amor não há fronteiras entre o mundo físico e o espiritual.

21. Perdão

"Se perdoardes aos homens as faltas que eles fazem contra vós, vosso Pai celestial vos perdoará também vossos pecados, mas se não perdoardes aos homens quando eles vos ofendem, vosso Pai, também, não vos perdoará os pecados." (Allan Kardec. O Evangelho Segundo o Espiritismo. Cap. X, item 2.)

CONSIDERADO PELOS FILÓSOFOS como sendo o resgate da alma, o perdão é um sentimento que nos alivia do fardo de energias negativas que o espírito coloca sobre os próprios ombros ao optar, equivocadamente, por alimentar mágoas, ressentimentos e o desejo de vingança. Ao agir com desapreço em relação ao outro, o homem lança sobre si mesmo fluidos de grande teor destrutivo, que com o tempo se transformarão em verdadeiros tumores psíquicos, originando enfermidades de difíceis diagnóstico e cura.

Como nasce interiormente, o perdão necessita de tempo para, lentamente, aflorar com diginidade e generosidade, ajustando as partes envolvidas de maneira sincera, sem exigências ou manobras que possam destituí-lo do bem, dando tanto a quem é perdoado como a quem perdoa alivio moral imediato. Por mais incrível possa parecer, perdoar alivia e benefícia principalmente aquele que perdoa.

Outro detalhe importante sobre o perdão: infelizmente a maioria das pessoas perdoa, mas sem esquecer o ocorrido, guardando no íntimo da alma mágoas e ressentimentos, o que minimiza o bem que o perdão sincero, completo traz à mente e ao espírito daquele que perdoou. Isso sem falar naqueles que impõem condições para o perdão: perdoam porque a família do outro é composta por pessoas de bem; perdoam porque o outro não vale sequer o aborrecimento; perdoam, mas nunca mais não querem ver o outro pela frente.

Esse tipo de perdão, ao invés de aliviar a mente de quem foi ofendido, agrava ainda mais o seu estado, pois este continuará revivendo o mal sofrido. Com isso, continuará a lançar dardos mentais em direção ao "ofensor", causando mal as duas partes e adiando indefinidamente a solução do problema.

O tempo é sempre o encarregado de demonstrar até onde vai o verdadeiro perdão. Quantos não afirmam ter perdoado para logo depois voltar atrás e começarem tudo de novo? O perdão provoca o entendimento, arrancando pela raiz as trevas da injúria, trazendo-a à luz da razão. Quando somos capazes de compreender e avaliar com paciência os erros dos outros, dificilmente descobrimos injúrias ou malefícios contra nós.

Em geral, as pessoas que não se julgam perfeitas ou incapazes de ferir os outros são as que mais estão propensas a perdoar, porque se colocam na situação dos seus semelhantes, sem aquela ideia errônea da perfeição, que em síntese não existe. Analisando-nos interiormente com sinceridade, acabamos por descobrir que temos muito de tudo aquilo que detestamos nos outros, e se não afloramos ainda, foi única e exclusivamente por falta de oportunidade, ou medo de nos envolvermos diretamente com o erro.

Muitas vezes perdoamos nossos adversários e eles continuam como nossos inimigos, mas não devemos nos deixar perturbar por isso. O mais importante é que quem perdoa retira de sobre os ombros um peso difícil de carregar, uma sombra que muitas vezes leva o ser humano a cometer os piores crimes, simplesmente pela falta do perdão, que uma vez aceito, acalma, acalenta e dá a paz tão desejada por todos nós.

O perdão silencioso é tão importante quanto aquele que é proferido através de palavras, e muitas vezes até mais profundo, porque quem o exercita não tem a oportunidade de se encontrar com o ofensor, mas fluidicamente, por meio do pensamento, exercita esse direito de limpar a alma e seguir em frente sem os miasmas do ódio, do rancor, do ressentimento, do ciúme, da inveja, todos defeitos que ornamentam a personalidade humana.

O autoconhecimento leva o homem a atitudes sinceras, e é da sinceridade que nasce o perdão, que o homem só alcança depois que descobre sua própria verdade: viver em paz com seus semelhantes, sem atritos e ofensas, mas sim pacificamente, numa doação recíproca das partes envolvidas, inteirando as energias da vida, na busca da iluminação espiritual que todos desejam alcançar.

22. Renúncia

"Se perscrutásseis melhor todas as dores que vos atingem, nelas encontraríeis sempre a razão divina, razão regeneradora, e vossos miseráveis interesses seriam uma consideração secundária que relegaríeis ao último plano." (Allan Kardec. *O Evangelho Segundo o Espiritismo*. Cap. V, item 21.)

PODE-SE DEFINIR A RENÚNCIA como sendo a abdicação de alguma coisa que nos é muito cara, mas da qual estamos dispostos a nos desfazer sem tristeza, a fim de auxiliar, amparar, ajudar a vida dos outros, provocando no nosso íntimo um enternecimento que nos leva a um êxtase experimentado apenas pelas almas enobrecidas, capazes de doar a própria vida em prol dos seus semelhantes, transformando-se muitas vezes em verdadeiros mártires.

Se pudéssemos abrir o coração a fim de descobrirmos o valor da renúncia, certamente não resistiríamos às lágrimas que por certo rrolariam por nossa face, ao verificarmos que renunciar muitas vezes abre verdadeiras feridas no coração, as quais apenas o tempo é capaz de fechar. Somente os corações nobres conseguem viver esse sentimento nascido das almas que anseiam verdadeiramente crescer e evoluir para Deus.

Dizem os filósofos e espiritualistas que amar implica estar disposto a renunciar. Justamente por isso os grandes mártires e heróis da história se dispuseram a doar aos irmãos de luta a sabedoria, a arte, a religiosidade, a ciência e a música. Ghandi renunciou a si próprio para pacificar a Índia e transformar-se num embaixador da paz. Francisco de Assis renunciou à riqueza para viver com os pobres e auxiliá-los, transformando-se no amigo dos deserdados da sorte. Kardec renunciou aos títulos de cultura que possuía para codificar a Doutrina Espírita e se transformar no líder da terceira revelação. Moisés, o líder judaico, renunciou à condição de filho adotivo de Faraó, a fim de conduzir o povo judeu pelo deserto, transformando-se no portador da primeira revelação, depois de receber por meio da mediunidade os dez mandamentos divinos. E por último Jesus, que renunciou à sua condição iluminada de Filho de Deus, para mergulhar nesse pântano de dores, a fim de aliviar o pranto da humanidade.

Muitas vezes, o beneficiado pela renúncia do outro acaba experimentando sentimentos como o arrependimento, ao reconhecer-se pequeno ou mesmo indigno diante da grandeza de tal ato. Essa postura sincera e humilde acaba por transformar este indivíduo por inteiro. Eis aí mais uma prova da importância de se dispor a renunciar.

Em certos momentos, as emoções podem perturbar o entendimento e ocasionar embates e conflitos, que muitas vezes levam até às agressões pessoais. Mas um impediditivo para que tudo chegue às vias de fato pode ser a renúncia por parte daquele que, a caminho do enobrecimento, é capaz de reconhecer que, se uma das partes não renunciar, o choque será inevitável, com prejuízos para todos os envolvidos, que muitas vezes sequer sabem avaliar o perigo a que se sujeitam ao optarem pela agressividade.

Renunciar com sinceridade é desapegar-se de coisas que, ao contrário do que aparentam, muitas vezes não nos farão qualquer falta. Outras vezes, se renunciarmos a determinadas coisas, elas poderão voltar ao nosso convívio, já sem os miasmas pestilentos que forçaram a nossa renúncia, e aí sim, poderemos aproveitá-las sem a inveja, o ciúme ou a interferência dos outros. Renunciar é abrir uma estrada sem obstáculos, onde poderemos caminhar felizes e despreocupados.

23. Liberdade

"Vivei com os homens de vossa época, como devem viver os homens (...) Fostes chamados a entrar em contato com espíritos de natureza diferente, de caracteres opostos; não choqueis nenhum daqueles com os quais vos encontrardes. Sede alegres, sede felizes, mas da alegria que dá uma boa consciência." (Allan Kardec. *O Evangelho Segundo o Espiritismo.* Cap. XVII, item 10.)

A LIBERDADE É UM ATRIBUTO do pensamento contínuo, e soa como o silvo de um sino de igreja em todas as manifestações da vida, e não existe quem não a queira ou quem não lute para conquistá-la. Em todos os tempos e em todas as épocas, ela foi motivo de guerras e revoluções, porque o homem terreno ainda não consegue entender que a verdadeira liberdade não é a externa e sim a interior, aquela que aflora de dentro de nosso coração. De nada adianta você se livrar dos outros, se você não consegue se livrar de si mesmo.

Jesus firmou: "Conhecereis a verdade e a verdade vos libertará", numa alusão clara e insofismável de que a liberdade que tanto desejamos já se encontra conosco, e só o conhecimento das Leis divinas nos levará ao encontro dela, que de modo geral se mantém em estado latente em nosso cérebro, aguardando que nossas experiências saudáveis no campo da carne e do espírito possam fazer que esse sentimento de alegria possa exsudar para fora de nós.

Não seremos totalmente livres, enquanto estivermos presos aos sentimentos de ódio, rancor, ressentimento, raiva, ciúme, mentira, sensualidade, orgulho, egoísmo, maldade, crueldade, perversidade e maledicência, que são corrosivos que acompanham e ornamentam a personalidade humana, dificultando a liberdade individual de cada um, e por acréscimo, a liberdade coletiva, já que todos nós estamos ligados magneticamente uns aos outros.

É muito comum creditarmos a nossa falta de liberdade ao comportamento dos outros, e muitas vezes nos sentimos presos até às pessoas estranhas. Mas, se analisarmos com carinho nossa situação, somos nós que criamos essas prisões temporárias da mente, ao nos comprometermos com os nossos semelhantes de maneira errônea, invadindo fronteiras alheias como se fossemos um carro sem freio descendo ladeira abaixo.

A melhor forma de ganhar a liberdade em todas as condições da vida é "andar na linha", agindo de maneira correta diante de Deus e dos homens, pautando nossos atos com dignidade e transparência, porque todas as vezes que procedemos erradamente, criamos de imediato uma espécie de prisão temporária, vulgarmente chamada de "cárcere sem grades", e essa é a pior prisão, porque você se torna prisioneiro de si mesmo, não tendo, portanto, nenhum lugar onde possa se esconder.

A liberdade integral pode ser considerada um mito, ou mesmo uma utopia, porque mesmo num deserto, teríamos que dividir o espaço com os animais e insetos e, portanto, já não estaríamos livres por completo. O maior e mais bem edificado tipo de liberdade é a liberdade que dividimos com os outros, num sistema recíproco de respeito e consideração, levando sempre em conta o ponto de vista das partes envolvidas.

Qualquer tipo de liberdade que possa resultar na prisão dos outros não é liberdade, é autoritarismo ou imposição, muitas vezes disfarçada em proteção ou amparo, mas que no fundo tem sempre um objetivo escuso: escravizar e manter prisioneiros todos aqueles que não rezam na nossa cartilha de interesses inconfessáveis. Todas as vezes que oprimimos alguém, certamente estamos criando uma prisão interna, que só se desfará quando ganharmos o perdão das nossas vítimas, sem contar que, mesmo assim, temos que conquistar através de boas obras o nosso autoperdão.

A liberdade vive dentro do nosso pensamento, e é exatamente por isso que o trabalho para que o pensamento contínuo possa encontrar o equilíbrio é o mais difícil da jornada terrestre. São poucos os que conseguem concluí-lo em curto espaço de tempo, porque libertando o pensamento, ele pode voar para as distâncias incomensuráveis do infinito, na procura da sua real liberdade, que, em síntese, não tem limites, alcançando todas as altitudes, todas as profundidades, até chegar ao seu objetivo maior que é Deus.

24. Caridade

"Quando derdes a jantar ou a cear, para isso não convideis nem vossos amigos, nem vossos irmãos, nem vossos parentes, nem vossos vizinhos que são ricos, de modo que eles vos convidem em seguida a seu turno, e que assim, retribuam o que haviam recebido de vós." (Allan Kardec. *O Evangelho Segundo o Espiritismo*. Cap. XIII, item 7.)

SEM A MENOR DÚVIDA, o Apóstolo Paulo foi o filósofo que melhor definiu a caridade, colocando-a no pedestal das maiores virtudes, levando o homem terreno a compreender que, sem esse sentimento humanitário dirigido aos nossos semelhantes, ninguém consegue evoluir em paz, como também não alcança a felicidade tão desejada por todos. Sem a caridade ficamos fechados em nós mesmos, como se fossemos uma ostra, dependendo apenas da alimentação interna.

Segundo o Apóstolo Paulo, a caridade é paciente, benigna, não é invejosa, não age precipitadamente, não é ambiciosa, não busca seus próprios interesses, não se irrita, não suspeita dos outros, não se alegra com a injustiça, mas fica feliz com a verdade. Tolera tudo, crê em tudo, espera por tudo e tudo sofre, sem lamúrias ou reclamações. Diz também o Apóstolo dos Gentios que, ainda que falasse a língua dos anjos, tivesse o dom das profecias e pudesse penetrar em todos os mistérios da vida, mesmo que tivesse toda a fé possível, a ponto de transportar montanhas, se não tivesse caridade, nada seria.

A caridade é democrática, pois está sempre ao alcance de todos os seres humanos, e só não a pratica quem não quer, seja por orgulho, avareza, egoísmo ou inveja. A caridade possui muitas vertentes, que vão desde a doação de uma simples moeda, até atos de grande repercussão, em que muitas pessoas são capazes de sacrificar a própria vida, a fim de que outras tantas possam viver em paz. A caridade ornamenta o coração humano, tornando-o dócil e fraterno, estimulando a benevolência para com o próximo, sem exigências ou retorno do que está sendo oferecido, mas com o único intuito de ajudar, proteger e orientar vidas alheias.

Reportando ao Evangelho de Jesus, veremos que toda a moral pregada por Ele para a humanidade terrestre, com tanta força, coragem e determinação, está pautada na caridade e na humildade, duas virtudes contrárias ao egoísmo e ao orgulho. Em todas as suas intervenções junto às pessoas, Jesus mostrou isso de maneira clara e completa, não deixando dúvidas quanto à necessidade de sermos caridosos e benignos com os nossos irmãos de luta, vivendo uma vida pacata e sóbria, sem atropelos e rixas desnecessárias.

Na parábola do bom samaritano, Jesus cita três personagens distintos: um levita, um religioso e um samaritano. Além deles, um homem que foi assaltado por malfeitores e encontra-se caído à beira da estrada, ao redor do qual gira toda a trama. O levita passa, e depois de observar o ferido, deseja-lhe boa sorte e segue normalmente o seu caminho. A seguir, passa o religioso. Vendo a situação desesperadora do ferido, faz uma oração pedindo a Deus por ele e segue viagem. Por último, passa o samaritano. Este, ao verificar a situação crítica daquele homem, retira-o da estrada, presta os primeiros socorros, dá-lhe água e o coloca sobre o seu cavalo, levando-o até uma estalagem, onde o coloca em uma cama.

Pede ainda ao dono da estalagem que cuide do enfermo, e lhe dá parte do pagamento pelo serviço, prometendo voltar para pagar o resto e verificar o estado de saúde daquele desconhecido.

O interessante dessa história bíblica é que os dois primeiros eram religiosos, conhecedores das Leis divinas e, portanto, não poderiam olvidar da caridade em relação ao próximo. Mas a caridade é interior e geralmente só exsuda de corações fraternos, sensíveis às dores humanas, e não em corações apenas ornamentados pela sabedoria ou pela religiosidade. Ressalte-se ainda o fato de que os samaritanos eram execrados naquela época, por serem, segundo os sacerdotes do templo e fariseus, duros e inflexíveis. No entanto, o samaritano foi o único que teve compaixão pela dor alheia.

De outra feita, Jesus teve que apelar para a consciência do homem terreno, a fim de praticar a caridade, quando Lhe foi mostrada uma mulher adúltera que, segundo os costumes judaicos, teria que ser apedrejada. Jesus, vendo que dificilmente convenceria aquelas pessoas bravias e coléricas, profere então uma frase histórica: "Aquele que estiver sem pecado, que atire a primeira pedra". Saíram um a um, porque um rápido reflexo de consciência mostrou que não eram melhores que ela, e que muitos deles já haviam estado no local onde ela trabalhava. Jesus, então, praticou caridade integral, perguntando à mulher sofrida e ultrajada: "Não te condenaram? Então eu também não te condeno. Vá, e não peques mais!". Ao dizer para aquela mulher para não pecar mais, Jesus de certo modo condenou não ela, mas seus atos, não de maneira drástica, como queriam os seus algozes, mas com brandura, exortando-a a abandonar as atitudes que a levaram àquela situação vexatória.

A caridade, junto à humildade, certamente levará o homem ao encontro de seu verdadeiro destino, que é a salvação, ao contrário do egoísmo e do orgulho, que levam o homem à perdição. Quem na Terra pratica a caridade, candidata-se a conquistar laços fraternos e de amizade, que, do outro lado da vida, hão de servir como moeda corrente de troca no intercâmbio com aqueles que nos são afins, enchendo nosso coração de alegria e felicidade nas dimensões rarefeitas do infinito.

25. Piedade

"Não é o que entra na boca que enlameia o homem, mas o que sai da boca do homem. O que sai da boca parte do coração, e é o que torna o homem impuro (...) mas comer sem ter lavado as mãos não é o que torna o homem impuro." (Allan Kardec. *O Evangelho Segundo o Espiritismo*. Cap. VIII, item 8.)

FALAR DA PIEDADE É AO MESMO TEMPO falar de amor, pois, quando profundamente sentida, a piedade não deixa de ser um extravasamento do puro amor, que almas enobrecidas, movidas por esse sentimento interno, dedicam aos seus semelhantes, diminuindo em muito as dores e sofrimentos que milhares de seres humanos experimentam nessa jornada terrestre.

Ela enternece o nosso coração diante das misérias humanas, fazendo com que nossas lágrimas sinceras sejam um bálsamo que cicatriza feridas, muitas delas provocadas pela guerra, pela incompreensão, pela maldade, pela perversidade, pelo ódio, pelo rancor e pelo ressentimento. Almas enobrecidas, tocadas pela piedade e pela compaixão, restituem a esperança e a resignação nas pessoas desanimadas, tristes, desesperadas e solitárias, que dificilmente conseguiriam suportar as dores e os sofrimentos, se não contassem com esses seres piedosos e fraternos, que muitas vezes sacrificam a própria saúde e até os bens materiais de que são possuidores, a fim de levar, até os deserdados da sorte, a fé, a esperança, o consolo e o soerguimento de suas vidas.

A piedade é o sentimento mais apropriado para quem deseja evoluir, porque doma o egoísmo e o orgulho, ornamentando o coração com a mansuetude e o perdão, sem discriminar pessoas ou instituições, mas tendo sempre em mente que o importante é compartilhar de maneira efetiva para o bem dos outros, sem o qual dificilmente seriamos felizes. Nossa felicidade está atrelada à felicidade do próximo, mas, em geral, ainda não conseguimos entender isso, porque o nosso ego, ainda eivado de egoísmo, orgulho, inveja e ciúme, não permite que possamos avançar rumo à nossa iluminação, por meio da piedade e da humildade.

Sem piedade, o homem continua sendo o primitivo de épocas recuadas, quando lutava para sobreviver, invadindo fronteiras alheias, dizimando e corrompendo pessoas, a fim de se locupletar com os saques de bens temporários, sem qualquer valor do outro lado da vida, mas que aqui na Terra são disputados a ferro e fogo, levando os homens à condição de animais selvagens que não se respeitam, não se afinam e não conseguem se consagrar como filhos de Deus.

A piedade é também próxima da benemerência, sentimento altruístico de grande eficácia para desmoronar a pobreza total, levando o consolo para famílias desprovidas de recursos materiais, demonstrando preocupação pela dor alheia e fazendo com os oprimidos pela pobreza sintam-se amparados e cientes de que não estão sós, pois têm ao seu lado almas piedosas e fraternas, numa demonstração de que Deus está sempre presente nesses locais de miséria, utilizando-se de mãos humanas que, em síntese, representam a Sua presença.

Se pudéssemos conhecer os laços presentes que nos unem às vidas anteriores, se pudéssemos abarcar as multiplicidades das relações que aproximam os seres uns dos outros, para que possamos progredir, com certeza, admiraríamos com muito mais sabedoria e bondade a vontade de Deus, que nos permite reviver, através das reencarnações, novas experiências no campo da carne, muitas delas repetitivas, em que voltamos para fazer as mesmas coisas que fizemos antes, afim de aprendermos o verdadeiro saber por meio da experiência estruturando de maneira definitiva dentro do nosso coração a piedade, a humildade e a compaixão.

A benemerência que se exsuda por meio da piedade, depois de certo tempo, consegue abrandar os corações mais endurecidos. Mesmo se ficar esquecida aqui na Terra, será lembrada nas dimensões do infinito, quando perdermos o corpo físico devido ao fenômeno da morte. Todos aqueles que, em experiência aqui no planeta, tiveram oportunidade de exercitar a piedade e a benemerência e não o fizerem, certamente lamentarão o tempo perdido, muitas vezes com coisas fúteis que não levam a nada, mas pelo contrário, fazem com que as pessoas fiquem estacionadas na retaguarda da vida, onde, segundo Jesus, há choro e ranger de dentes.

26. Avareza

"O corpo não dá a cólera a quem não a tem; como não dá os outros vícios; todas as virtudes e todos os vícios são inerentes aos espírito; sem isso, onde estariam o mérito e a responsabilidade."

INDISCUTIVELMENTE, A AVAREZA É derivada do egoísmo e do orgulho, dois verdadeiros cancros na vida do ser humano, levando as pessoas a desejarem todos os bens possíveis só para si, muitas vezes em detrimento de dezenas de necessitados. Em certos casos, a avareza é tão acentuada, que impede que o avarento compre coisas ou gaste algum dinheiro até consigo mesmo. A riqueza nunca foi um obstáculo na evolução humana, mas precisa ser repartida, ou seja: multiplicar as formas do bem, levando aos mais necessitados um pouco daquilo que está sobrando nas nossas mesas.

A desigualdade nas riquezas é um problema com o qual o homem terreno irá se deparar ao longo de toda a sua vida. Sempre haverá ricos e pobres, pois isso faz parte do sistema evolutivo, que troca as posições no sistema ao longo das reencarnações, dando a todos a oportunidade de vir abastados ou em condições de miséria, atendendo aos reclamos da própria consciência, que só se ajusta depois de experiências saudáveis nos dois campos da vida.

O avarento é desumano com seus familiares e consigo mesmo, abstendo-se e tirando dos outros o direito de usufruir sua riqueza material, muitas vezes provocando aversões e antipatias dentro do próprio lar, além da desunião que se estabelece entre os membros da parentela familiar. Do outro lado da vida, o sofrimento de quem praticou a avareza é inenarrável, porque o espírito do avaro não tem sossego nem paz, revivendo a cada momento as suas experiências com o dinheiro, que já não tem o menor valor no local onde se encontra.

Muitos espíritos, que aqui na Terra tiveram experiências no campo da avareza, permanecem por tempo indeterminado nas portas dos bancos e outras instituições monetárias. Totalmente confusos, imersos em suas indagações, buscam explicação para o fato de não mais poderem movimentar o dinheiro que egoisticamente juntaram durante a vida.

O sofrimento aumenta na medida que percebem que não possuem mais nenhum poder, que a moeda corrente que circula no mundo dos pensamentos é outra, conquistada por meio da caridade e da fraternidade, formando laços fraternos que, em síntese, conferem ao espírito imortal, esse viajante da eternidade, as condições excepcionais de paz, alegria e felicidade. Depois de perambular pelas faixas vibratórias sombrias do astral inferior por tempo indeterminado, o espírito do avarento chega ao arrependimento e ao remorso, antídotos necessários para o soerguimento, e pede pelo amor de Deus para voltar ao vaso carnal, não mais como rico empedernido, mas como um pobre ciente dos seus deveres diante de Deus e dos homens.

Ninguém reencarna para sofrer ou somente para pagar débitos pretéritos, porque a Lei da reencarnação é uma Lei educativa, visando exclusivamente à reeducação do ser humano. Por isso, um avarento pode perfeitamente voltar como um rico, que certamente será compassivo e piedoso, ou como um pobre, que trabalhando dia e noite, poderá se tornar rico, mas com experiência na própria carne, para saber dividir parte do que possui sem se eximir do direito de utilizar dos bens para si.

Especula-se muito a respeito do fato de poucas pessoas terem muito, em detrimento de milhares que têm pouco, mas a justiça divina não visa apenas a uma reencarnação, e sim a muitas, estabelecendo um revezamento na posse das riquezas materiais, dando a cada um de nós a oportunidade de evoluir nas duas vertentes, atentando para o fato de que as duas provas, a da riqueza e a da pobreza, são iguais. A riqueza quando multiplica o bem; a pobreza, quando traz a disciplina.

Na realidade, o homem terreno só possui aquilo que pode levar para o outro lado da vida, ou seja, seus pensamentos, sentimentos e seu arquivo confidencial, formado pelas suas experiências no campo da carne. Se dentro desse contexto ele não teve sucesso, certamente sofrerá muito na vida espiritual, que só é boa para quem, aqui na Terra, viveu pacífica e despreocupadamente, sem se apegar em demasia aos bens terrenos que passam de mão em mão e não podem nos acompanhar por ocasião da nossa morte. O apego aos bens transitórios da vida é um corrosivo que nos acompanha no além. Por isso Jesus afirmou categoricamente: "Aonde estiver o teu tesouro, ali estará o seu coração", deixando claro e de maneira insofismável que tudo aquilo que for objeto de nossa predileção ou reclamar nossa exclusiva atenção certamente vai nos reter na retaguarda da vida, onde, segundo o Cristo, haverá dores e ranger de dentes.

27. Fé

"A benevolência para com os semelhantes, fruto do amor ao próximo, produz a afabilidade e a doçura, que lhe são a manifestação. Entretanto, não é preciso fiar-se sempre nas aparências; a educação e o hábito do mundo podem dar o verniz dessas qualidades." (Allan Kardec. *O Evangelho Segundo o Espiritismo*. Cap. IX, item 6.)

A FÉ CONSTITUI UM RECURSO PODEROSO, que pode ser utilizado pelo homem em qualquer situação, e, mesmo que não imediatamente, sempre surte efeito, fortalecendo a estrutura íntima do ser humano, que sem a fé torna-se fraco e débil diante da vida, sem capacidade para resolver nem mesmo pequenos problemas, deixando-se levar pela onda do acaso, sem manifestar nenhum tipo de trabalho no sentido de realizar suas conquistas obrigatórias no campo da carne e do espírito.

Considera-se como fé a confiança que se deposita na realização de determinada coisa, a certeza de atingir um objetivo de nosso interesse pessoal, ou a necessidade de aumentar nossa confiança em certos projetos de nossa vida.

A fé nos capacita a realizar coisas que dificilmente poderíamos fazer se duvidássemos de nós mesmos. As montanhas que a fé transporta, às quais se referiu Jesus no seu Evangelho, são as dificuldades, as resistências, a má vontade, em suma, o que encontramos diuturnamente entre os homens.

Quando a fé é verdadeira e sincera, é ao mesmo tempo serena, sem atropelos e sem exigências, pois sabe que seus efeitos cheguem na hora certa. Ocorre que muitas vezes queremos quase tudo por automatismo, de graça, sem nenhum esforço de nossa parte, mas isso na prática é impossível, porque a vida sempre exigirá alguma coisa de nós.

Todos aqueles que trabalham pelo progresso da humanidade encontram sempre os preconceitos de rotina, o interesse material, o egoísmo, a cegueira do fanatismo, as paixões orgulhosas, que, em síntese, representam outras tantas montanhas que se colocam à nossa frente e atravancam o caminho a ser percorrido.

Se a fé é robusta, persistente e consistente, confere a quem a vivencia a perseverança e a energia para haurir os recursos necessários para obter a vitória sobre os obstáculos, tanto nas pequenas como nas grandes coisas. Mas a fé que vacila e duvida produz a incerteza e hesitação, de que se aproveitam os adversários que devemos combater. De que adianta buscar meios de vencer sem se acreditar na possibilidade de sucesso?

A fé, quando insegura e frágil, sente a sua própria fraqueza; quando estimulada pelo interesse particularizado, pode se tornar furiosa, acreditando poder suprir a força com a violência. Mas quando se apoia na inteligência e na compreensão das coisas, tem a certeza de que chegará a um final feliz. A calma na luta diária é sempre um sinal de força e de confiança, enquanto a violência é prova de fraqueza e de falta de respeito por si mesmo.

É importante não confundir a fé com a presunção. A verdadeira fé se alia à humildade, e aquele que a possui deposita sua confiança em Deus mais do que em si mesmo, considerando-se como um simples instrumento que executa a vontade do Criador. A presunção não é fé, mas orgulho, e o orgulho cedo ou tarde é castigado, através da decepção e dos malogros que lhe são infringidos.

O poder da fé é incontestável, e tem sua aplicação de maneira direta e especial, principalmente nas ações magnéticas de cura, pois é graças a ela que o homem age sobre o fluido universal, modificando-lhe as qualidades e dando-lhe, por assim dizer, um poder irresistível. Quem já consegue aliar o poder fluídico a uma fé ardente, pode operar, unicamente pela vontade dirigida para o bem, os estranhos e enigmáticos fenômenos de cura ou de outra natureza, que por muito tempo foram considerados milagres.

Se observarmos o aspecto religioso, a fé pode ser considerada uma crença nos dogmas particulares das diversas religiões, pois todas possuem seus artigos de fé e, nesse sentido, a fé pode ser raciocinada ou cega. A fé cega nada examina, aceitando sem controle ou análise o falso e o verdadeiro, chocando-se invariavelmente com a evidência e a razão. Quando a fé se firma no erro, cedo ou tarde desmorona, porque só a fé raciocinada tem o seu futuro assegurado.

Levada ao excesso, pode se transformar em fanatismo, talvez a pior faceta da fé, que quando chega a esse extremo, leva o homem a perder a razão, com práticas absurdas em nome da religião que professa, não admitindo de maneira nenhuma que alguém o contrarie ou possa divergir dos seus propósitos religiosos. Quem chega a esse estágio sombrio da fé com certeza está à beira do abismo, e o pior: pode levar consigo todos aqueles que se deixaram magnetizar pelo fanatismo da fé inconsequente.

28. Virtude

"Porque vedes um argueiro no olho do vosso irmão, vós que não vedes uma trave no vosso olho? Ou como dizeis ao vosso irmão: Deixai-me tirar o argueiro do vosso olho, vós que tendes uma trave no vosso? (...) e então vereis como podereis tirar o argueiro do olho do vosso irmão." (Allan Kardec. *O Evangelho Segundo o Espiritismo*. Cap. X, item 9.)

AS QUALIDADES ESSENCIAIS QUE ornamentam a personalidade do homem de bem são consideradas virtudes que, em síntese, são hábitos e tendências retirados das Leis divinas que regem a vida cósmica e só chegam ao homem depois de muitas experiências no campo da carne e do espírito, na medida que ele se esforça para se desvencilhar dos vícios, desejos e paixões que são contrários às virtudes que se apresentam no exato momento em que eles desaparecem.

A bondade, a humildade, a caridade, a mansuetude, a delicadeza, a generosidade, a paciência, a compaixão, a sinceridade, a modéstia são qualidades do homem virtuoso que só chegam ao homem depois de muitas reencarnações, de muitas lutas, deixando, em cada experiência carnal, parte das viciações que impedem o afloramento das virtudes.

É desvirtuado o homem orgulhoso que exalta a si mesmo, ou que procura corrigir os outros sem corrigir a si mesmo, criando dentro de si uma espécie de segunda natureza que é a natureza do mal, que o faz acreditar somente naquilo que faz, no que é dele, em detrimento das ideias dos outros, que estão ao nosso lado cotidianamente e, portanto, não podem ser descartados, como se fossem objetos manipuláveis.

A virtude é, antes de tudo, uma graça que caminha ao lado da modéstia, da humildade e da sinceridade, fazendo com que o relacionamento entre as pessoas seja gostoso, alegre e participativo, satisfazendo os anseios das partes interessadas sem pressão ou constrangimento, mas estabelecendo um clima de paz e confiança, que resulta em laços fraternos e de amizade que, do outro lado da vida, vão se transformar em moeda corrente de troca, entre as almas enobrecidas que se afinam por meio do poder magnético do amor.

Muitas pessoas virtuosas ainda carregam pequenas falhas morais, que as deslustram e enfraquecem. Por vezes, fazem alarde de suas virtudes, demonstrando falta de modéstia e orgulho de sobra. Os seres humanos verdadeiramente virtuosos, geralmente não sabem que são ornamentados por essas características, e só tomam conhecimento pelos comentários que ouvem, guardando para si com muita felicidade o reconhecimento que parte dos outros.

As virtudes chegam até o homem por meio da mudança de hábitos e pendores, mas isso não é uma tarefa fácil, porque muitos de nossos defeitos estão enraizados na nossa mente, e só mesmo um esforço hercúleo pode extirpá-los. Quando não conseguimos erradicar nossos vícios, desejos e paixões na vida física, eles nos acompanham depois da morte, causando, no mundo espiritual, sofrimentos atrozes, revelados por espíritos que passaram por essas experiências dolorosas.

Somente os espíritos iluminados possuem todas as virtudes, e exatamente por isso não passam por sofrimentos humanos, mas continuam sofrendo de outra maneira. Sofrem com a nossa rebeldia, nossa incompreensão, nossa maldade, nossa crueldade, nossa sensualidade excessiva, nosso orgulho, nosso egoísmo, nosso ciúme, nossa mentira, nossa impaciência, enfim, com tudo aquilo que atrasa o nosso desenvolvimento moral e intelectual.

Alcançar as virtudes é encontrar o caminho do enobrecimento, conquistando qualidades que nos levarão ao sucesso de nossa jornada evolutiva; é diminuir aos poucos a distância que nos separa de Deus; é chegar à hora da morte em paz, sem medos, traumas ou remorsos, na certeza de que a vida continua e a morte é apenas uma transição benéfica para nós, pois nos devolve ao mundo real, de onde saímos para, em contato com a matéria, enriquecermos o nosso espírito, ávido de conhecimentos da vida.

29. Paciência

"Se Deus julgou conveniente lançar um véu sobre o passado, é porque isso devia ser útil (...) Deus nos deu, para nosso adiantamento, justamente o que nos é necessário e pode nos bastar: a voz da consciência e nossas tendências instintivas, e nos tira o que poderia nos prejudicar." (Allan Kardec. *O Evangelho Segundo o Espiritismo*. Cap. V, item 11.)

NA ANTIGA GRÉCIA, EM TEMPOS REMOTOS, era de costume os pais abastados ou ricos enviarem seus filhos para aprender a verdadeira sabedoria com os filósofos ou sábios, que faziam de suas casas locais de ensino, com grande número de jovens, oriundos de toda parte, recebendo ensinamentos sobre Matemática, Filosofia, Ciências, Geografia, Astrologia, Fisiologia e muitas outras disciplinas, inclusive a social, que ensina como viver pacificamente com os outros.

Certa feita, um fazendeiro muito rico mandou seu filho, de apenas quinze anos, estudar na escola mantida pelo sábio Aristóteles, escrevendo uma carta, que foi entregue pelo rapaz diretamente ao mestre. O velho sábio recebeu com alegria o novo discípulo e o levou para conhecer as oficinas de trabalho, onde outros jovens faziam experiências no campo da luta, indicando-lhe o local das refeições, o dormitório, o banheiro e o horário de iniciar e encerrar a jornada diária.

Depois, levou-o até a oficina de metalurgia, detendo-se frente a um velho fole, instrumento usado para fornecer ar, que expelido na direção do carvão aceso, aviva o fogo e dá condições para moldar o ferro, dando origem às ferramentas fabricadas na oficina. O sábio diz para o jovem iniciante: "– Seu trabalho diário será tocar esse fole, avivando o fogo; o resto fica por conta do ferreiro. Se tiver alguma dúvida, basta me procurar. Se eu tiver outras informações, eu o procuro".

Cinco longos anos se passam, sem que o sábio procure o jovem, que também não o procura, limitando-se a tocar o fole, de segunda-feira à sábado, sem perguntar, sem reclamar ou fazer comentários sobre o trabalho que executava com coragem e determinação.

Foi quando o jovem resolveu procurar o velho sábio para se informar sobre sua função, pois já haviam se passado cinco longos anos, e ele gostaria de fazer outra coisa, de adquirir novos conhecimentos, porque até agora só tocara o fole. Abordou o velho mestre e disse: "– Senhor, eu estou sob suas ordens há cinco anos, e até agora não aprendi absolutamente nada; só toquei esse fole. Gostaria de saber quando vou aprender a verdadeira sabedoria...". O ancião, experiente e vivido, sorri e diz: "– Você já pode voltar para a casa dos seus pais. Já é um sábio, pois aprendeu a cultivar uma das maiores virtudes que o homem pode alcançar: a paciência. De posse dessa virtude alcançará todas as outras. Durante esses cinco anos que permaneceu aqui nas oficinas, você nunca reclamou de nada, obedecendo fielmente as ordens que passei para você; foi silencioso, prático e modesto e em nenhum momento disse que o trabalho era pesado ou inútil, valorizando as horas que empenhou em servir como auxiliar do ferreiro, que com sua ajuda, fabricou, espadas, martelos, ferraduras, enxadas, portões e janelas de ferro, objetos de grande utilidade na vida doméstica".

Essa pequena historinha nos leva a refletir que o mestre grego tinha razão, porque grande parte dos nossos problemas tem a sua origem na impaciência. Podemos afirmar que o apressado já começa errando, enquanto o paciente sempre alcança a vitória, porque sabe aguardar o momento certo de agir, sem atropelos e irritação, deixando que as coisas aconteçam normalmente, sem imposições ou autoritarismo.

A paciência é também um modo de caridade, para com os outros e principalmente para nós mesmos. Sem essa virtude, aumentamos nosso sofrimento, nossa angústia, nossa revolta, porque não sabemos esperar, e isso nos faz muitas vezes nos faz atropelar os outros, até em pequenas coisas, quando furamos fila para sermos os primeiros, escamoteando o direito do próximo. O apressado se julga superior a tudo, e quase sempre quer resolver tudo na hora, ao contrário do paciente, que aguarda tranquilamente que chegue a sua vez, e por isso sofre menos.

O ato mais enobrecido da paciência é sem dúvida nenhuma o perdão, quando aguardamos, às vezes durante um longo tempo, que as pessoas que receberam o nosso perdão possam reconhecer a nossa paciência, a nossa compaixão em esquecer as faltas alheias, a fim de que todos nós possamos começar do zero, sem as fixações do passado, que lembrado com insistência, acaba por provocar um efeito corrosivo na nossa alma, que só se acalma e serena quando adotamos a paciência.

30. Cólera

> "O homem pode abrandar ou aumentar a amargura das suas provas pela maneira como encara a vida terrestre (...) contentar-se com sua posição sem invejar a dos outros, de atenuar a impressão moral dos reveses e das decepções que experimenta; ele haure nisso uma calma e uma resignação..." (Allan Kardec. *O Evangelho Segundo o Espiritismo*. Cap. V, item 13.)

INDISCUTIVELMENTE, A CÓLERA É um dos piores corrosivos da alma, porque transfigura até mesmo o semblante das pessoas. O indivíduo se torna endurecido, autoritário, e segue num crescendo que atinge níveis patológicos que, se não tratados, podem beirar a insanidade ou resultar em crimes hediondos, frutos de escolhas impensadas tomadas em momentos de cólera.

Precisamos identificar com urgência, em nosso comportamento, a origem desse sentimento sombrio que pode ocasionar acessos que, a princípio passageiros, podem se tornar frequentes, fugindo a qualquer tipo de controle, levando o indivíduo a causar nos seus semelhantes momentos de pavor, medo, constrangimento e dor.

As contrariedades que muitas vezes citamos como origem de nossa cólera não são somente nossas, mas de todos. Assim, não temos o direito de invadir fronteiras alheias com a nossa arrogância, o nosso despeito, a nossa ferocidade, como se isso fosse resolver alguma coisa. Em geral, passado o acesso de cólera, quem a expeliu está muito pior do que estava antes, física e moralmente, além de muitas vezes ter destratado e humilhado, muitas vezes ter pessoas de sua intimidade, a quem devia respeito e consideração.

Além de não resolver nada, a cólera debilita a saúde de quem a pratica, pois produz fluidos deprimentes que envolvem os corpos físico e espitirual durante o acesso, e que muitas vezes demoram meses e até anos para se dissolverem, gerando enfermidades de difíceis diagnóstico e cura, alterando também as batidas do coração, muitas vezes resultando em enfermidades cardíacas.

Evitar a cólera é evitar a morte antecipada, porque ela subtrai os anos de nossa vida, ao provocar a debilidade do corpo físico, programado para atingir a velhice em paz. Para um ser humano colérico, isso não é possível, pois a cólera desorganiza as células que compõe o arcabouço físico, enfraquecendo os anticorpos que fazem a nossa segurança contra os micro-organismos, provocando o chamado suicídio indireto, devido à nossa intemperança mental em agasalhar a cólera no nosso coração.

Se as pessoas pudessem se contemplar num espelho durante um acesso de cólera, certamente veriam uma outra pessoa, com feições animalescas, como se fosse um animal selvagem, um predador prestes a devora sua presa. No ponto evolutivo em que nos encontramos, precisamos extirpar sentimentos como a cólera de nossos corações, por intermédio de ações que já conhecemos, como a prece, o culto no lar, o silêncio, o recolhimento, a leitura educativa, programas junto à natureza, a prática da caridade e outros empreendimentos culturais e sociais altruísticos, que nos conduzam ao caminho do verdadeiro bem.

A cólera sufoca o bem que poderíamos fazer, não escolhendo hora nem lugar para se insurgir, encontrando caminho onde quer que haja intolerância e despotismo, autoritarismo e prepotência, aliados inconfundíveis da cólera, que só se ameniza quando encontra a paciência, o silêncio, a mansuetude, a delicadeza e principalmente a caridade.

Ninguém consegue ser feliz sendo colérico, porque, durante os acessos de ódio, raiva e ressentimento, a pessoa perde a razão e se volta contra tudo e contra todos, agredindo verbal ou fisicamente quem estiver pela frente, para só momentos depois, passado o acesso de cólera, avaliar o estrago causado, gerando compromissos para o futuro, que, na maioria da vezes, ultrapassam as fronteiras da morte.

Este livro foi impresso nas oficinas gráficas da Editora Vozes Ltda.,
Rua Frei Luís, 100 – Petrópolis, RJ.